Cristiano Alencar Arrais
Eliézer Cardoso de Oliveira

4.º ou 5.º ano
Volume único
História Regional

História de Goiás
MANUAL DO PROFESSOR

Cristiano Alencar Arrais

Bacharel e mestre em História pela Universidade Federal de Goiás (UFG) e doutor em História pela Universidade Federal de Minas Gerais (UFMG). Professor de Teoria e Metodologia da História da UFG.

Eliézer Cardoso de Oliveira

Bacharel e mestre em História pela Universidade Federal de Goiás (UFG). Doutor em Sociologia pela Universidade de Brasília (UnB). Professor do curso de História da Universidade Estadual de Goiás (UEG).

1.ª edição
São Paulo, 2014

editora scipione

editora scipione

Gerência editorial
Elizabeth Soares
Responsabilidade editorial
Sueli Yukiko Mori Carvalho
Edição
Miriam Mayumi Nakamura
Tatiany Telles Renó
Edição de texto
Carochinha Editorial
Maria Aiko Nishijima
Assistência editorial
Leandro dos Reis Silva
Gerência de revisão
Hélia de Jesus Gonsaga
Preparação
Vanessa de Paula Santos
Revisão
Paula Teixeira e Thirza Bueno
Edição de arte
Didier D. C. Dias de Moraes
Supervisão de arte
Sérgio Yutaka Suwaki
Coordenação de arte
Claudio Faustino da Silva
Programação visual de capa e miolo
[sic] comunicação
Ilustração de capa e vinhetas
Aline da Rosa Alves
Ilustrações
Osni de Oliveira e Ricardo Girotto
Supervisão de iconografia
Sílvio Kligin
Pesquisa iconográfica
Vanessa Manna e Douglas Cometti
Assistência iconográfica
Nadiane Oliveira
Cartografia
Mario Yoshida
Editoração eletrônica
Celma Cristina Ronquini
Impressão e acabamento
Meta Brasil

Avenida das Nações Unidas, 7221
3.º andar, setor D
Pinheiros
CEP 05425-902 – São Paulo – SP

ATENDIMENTO AO CLIENTE
Tel.: 4003-3061

www.scipione.com.br
e-mail: atendimento@scipione.com.br

2018
ISBN 978-852629068-6 – AL
ISBN 978-852629069-3 – PR
Cód. da obra CL 738463
CAE: 270956 - AL / 270957 - PR

1.ª EDIÇÃO
4.ª impressão

Título original: História de Goiás
4.º ou 5.º ano – volume único

Os elementos que aparecem na capa deste livro representam:

- As casas do Centro Histórico da cidade de Goiás, que recebeu da Unesco, em 2001, o título de Patrimônio Cultural da Humanidade.
- A Igreja de Nossa Senhora do Rosário, também na cidade de Goiás.
- O ipê-amarelo, símbolo do estado de Goiás.

Dados Internacionais de Catalogação na Publicação (CIP)
(Câmara Brasileira do Livro, SP, Brasil)

Arrais, Cristiano Alencar
História de Goiás, 4.º ano ou 5.º ano: ensino fundamental / Cristiano Alencar Arrais, Eliézer Cardoso de Oliveira. — São Paulo: Scipione, 2011.

Bibliografia.

1. Goiás — História (Ensino fundamental) I. Oliveira, Eliézer Cardoso de. II. Título.

11-02361 CDD-372.8918173

Índice para catálogo sistemático:
1. Goiás: História: Ensino fundamental 372.8918173

Apresentação

Olá, tudo bem com você?

Este livro vai acompanhá-lo no estudo da história de Goiás durante este ano. Como Goiás é o estado em que você nasceu ou que seus pais escolheram para morar, nada mais justo que você saiba um pouco mais da história desse lugar, não é mesmo?

Quando falamos da história de Goiás, estamos falando da sua história, da história da sua família, da história dos seus vizinhos e amigos.

Porque somos nós quem fazemos a nossa história, mesmo que os nossos nomes não apareçam nos livros.

Fazer história é viver bem o presente, tendo consciência das realizações das pessoas que viveram no passado. Bem antes de você já havia pessoas vivendo nessas terras, crianças brincando e estudando, adultos trabalhando e convivendo uns com os outros.

Agora é a sua vez! Você vai conhecer aquilo que outras pessoas realizaram para que você pudesse também realizar coisas úteis e interessantes para ajudar a construir a sua história e a história de Goiás.

Bom estudo!

Os autores.

FABIO COLOMBINI/ACERVO DO FOTÓGRAFO

Conheça seu livro

Este livro está dividido em **oito capítulos**. Nesses capítulos, você encontra:

Texto explicativo dos autores.

Imagens variadas: fotografias diversas, mapas, charges, tirinhas, gráficos e até desenhos de criança para deixar o nosso livro mais divertido e auxiliar na compreensão do texto.

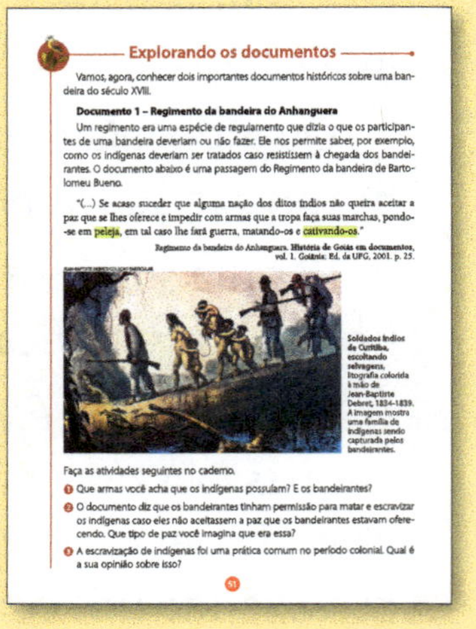

Seção **Explorando o(s) documento(s)/a(s) imagem(ns)**: texto escrito, pinturas ou outros vestígios deixados por pessoas do passado e que nos ajudam a conhecer melhor a época em que elas viviam.

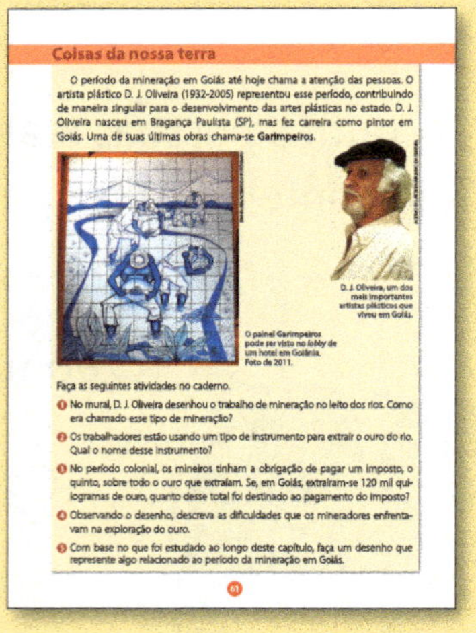

Seção **Coisas da nossa terra**: Goiás é um estado rico em produções culturais, como artes plásticas, poesia e música. Nesta seção, vamos aprender mais sobre os artistas goianos.

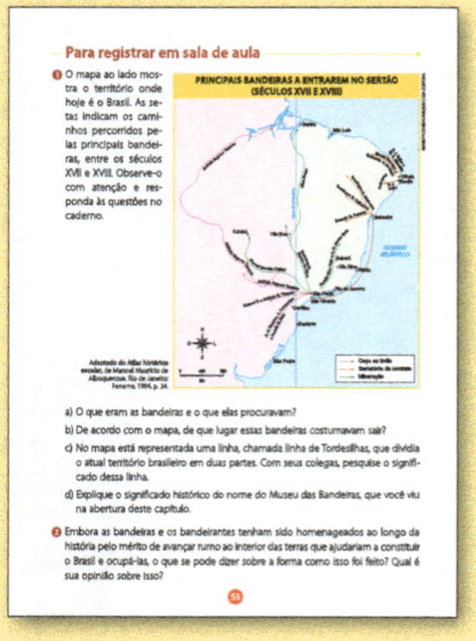

Seção **Para registrar em sala de aula**: atividades variadas para ajudar você a compreender os principais assuntos tratados em cada capítulo.

Seção **Para registrar em casa**: atividades variadas para ajudar você a aprender mais em casa.

Boxes **Para saber mais...** e **História da minha cidade**: o primeiro acrescenta novas informações ao texto; o segundo traz algo a mais sobre a história de alguma cidade de Goiás.

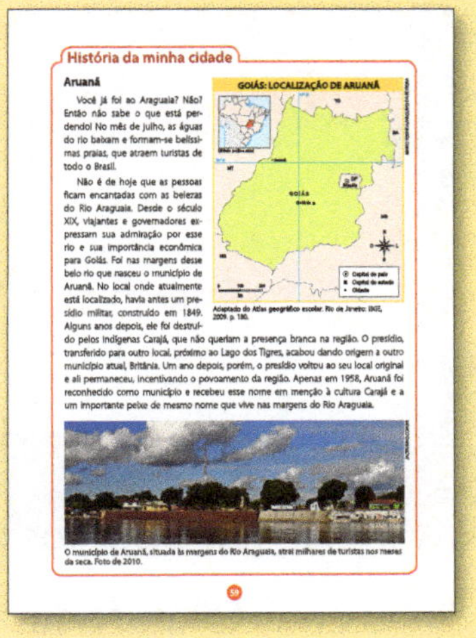

Seção **Vamos fazer uma pesquisa**: atividades para você se sentir como um verdadeiro pesquisador, descobrindo coisas novas sobre o mundo que o cerca.

Boxe **Patrimônio histórico pelo mundo**: mostra alguns dos mais importantes patrimônios naturais ou históricos do planeta.

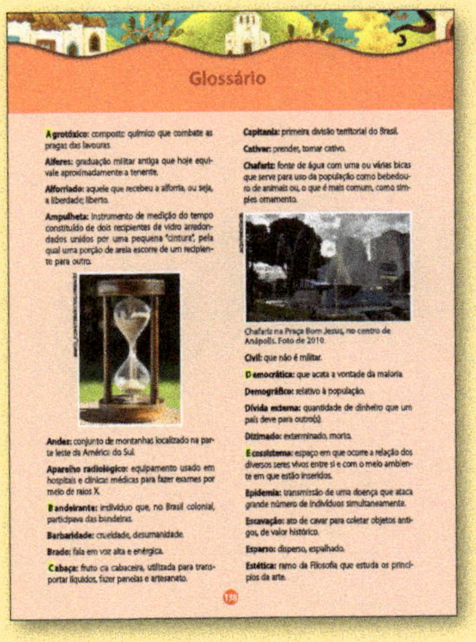

O **Glossário** fica no final do livro e contém a explicação de algumas palavras e expressões que aparecem no texto destacadas em verde.

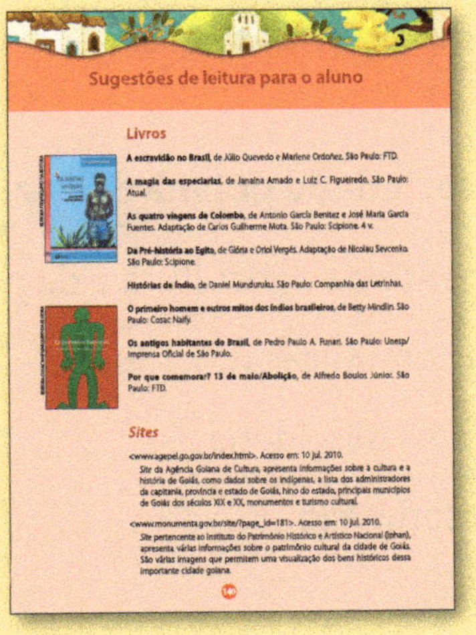

A seção **Sugestões de leitura para o aluno** traz indicações de outros livros que você poderá ler.

Sumário

RICARDO GIROTTO/ ARQUIVO DA EDITORA

Introdução

Nossa história, nosso patrimônio

A partir de agora você está convidado a conhecer um pouco da história de sua família, de sua cidade, do estado de Goiás e do Brasil. Mas o que é História? A História é uma disciplina que estuda os seres humanos ao longo do tempo.

À primeira vista, pode parecer que a sua história e a da sua família não têm nenhuma relação com a história do estado de Goiás ou do Brasil, mas isso é só impressão! A história da nossa família e a da nossa cidade estão intimamente ligadas ao estado de Goiás e ao Brasil. Sabe por quê?

Você poderia responder a essa pergunta de muitas formas. Por exemplo:

"Porque nossa cidade faz parte do Brasil!"

"Porque nossa família vive em Goiás e é importante conhecer a história desse estado."

"Porque o Brasil é o nosso país!"

Entretanto, nenhuma delas estaria totalmente correta.

Sabe por quê?

Porque nenhuma dessas respostas relaciona a sua história e a da sua família à história de Goiás e do Brasil, ou seja, não diz que sua cidade, seu estado e seu país só são importantes porque, juntos, reúnem a cultura que orienta as histórias pessoais e familiares. Na base da história da sua cidade, de Goiás e do Brasil, está a história da sua família e a sua história.

Essas histórias pessoais e familiares nos ajudam a saber quem somos e, muitas vezes, estão relacionadas a algum objeto ou história contada por nossos pais e avós.

Quer um exemplo?

O tio de Nicole tem um fusca preto, fabricado em 1975, carinhosamente chamado de "fuscão". Ele adora esse carro e todos da família têm alguma história para contar sobre o fusca. Na casa do avô de Nicole não é diferente; há muitos anos, toda a família se reúne no almoço de domingo: tios, tias, primos, primas, sobrinhos e sobrinhas... Todos rindo, conversando e a postos para comer a deliciosa lasanha que a avó de Nicole faz. E, agora que o irmão dela ganhou um celular com câmera, todo domingo é dia de fotografia em família! Já imaginou quantas histórias e lembranças estão associadas a esse fusca e aos almoços de domingo na casa da avó de Nicole?

RICARDO GIROTTO/ ARQUIVO DA EDITORA

É isso mesmo. Casa, carro, objetos pessoais, fotografias, móveis e roupas, por exemplo, ajudam as pessoas a se lembrar de fatos passados ou situações já vividas. Isso é importante porque permite diferenciar a história da sua família da história de outras famílias – ou seja, cada família tem uma história diferente. A família de Tiago, por exemplo, estabeleceu-se no Brasil quando o bisavô dele veio da Itália para Goiás e ajudou a fundar a cidade de Nova Veneza. Graças às fotos, aos móveis antigos e às panelas de ferro, a família de Tiago pôde desvendar aos poucos a própria história.

SECOM/NOVA VENEZA/ARQUIVO DA EDITORA

Apresentação de dança típica na 6.ª edição do Festival de Nova Veneza em maio de 2010. As danças típicas também são parte do patrimônio histórico de um povo.

Observe as roupas típicas das dançarinas: elas são mais indicadas para países com clima frio ou quente?

Ao produzir o conhecimento sobre o passado da humanidade, os historiadores utilizam justamente esses objetos antigos que sobreviveram ao tempo e chegaram até nós, por exemplo: livros e jornais, moedas, roupas, gravuras, fotografias, pinturas, esculturas etc. São os chamados **documentos históricos**. Enfim, todas as coisas que, de alguma forma, carregam informações sobre o passado das pessoas são documentos históricos.

No entanto, os objetos não narram os acontecimentos; eles ajudam a relembrar, mas, quase sempre, é o avô, a avó, o tio ou a tia – ou seja, as pessoas mais velhas da família – quem conhece melhor a história da família e a transmite de geração em geração.

Consulte o Glossário disponível a partir da página 138 para saber o significado das palavras ou expressões destacadas.

UNIVERSIDADE FEDERAL DA PARAÍBA/NDIHR/ARQUIVO DA EDITORA

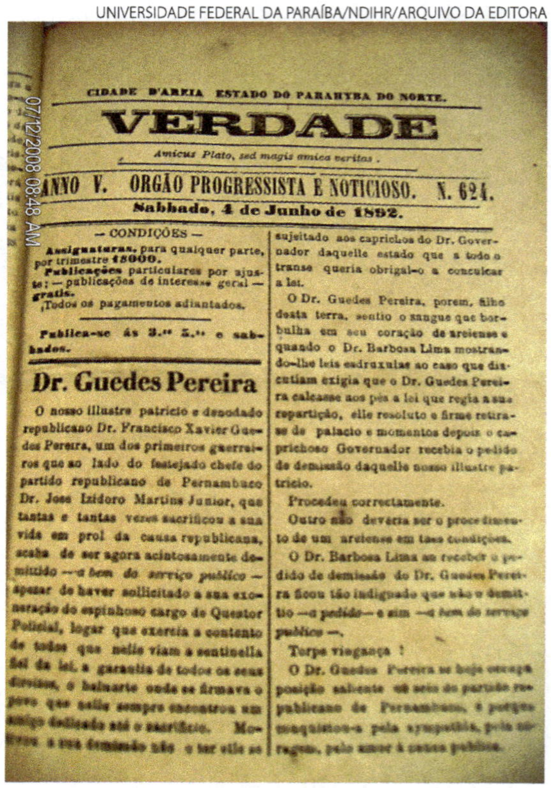
CIDADE D'AREIA ESTADO DO PARAHYBA DO NORTE.

VERDADE

Amicus Plato, sed magis amica veritas.

ANNO V. ORGÃO PROGRESSISTA E NOTICIOSO. N. 624.

Sabbado, 4 de Junho de 1892.

— CONDIÇÕES —

Assignaturas, para qualquer parte, por trimestre **1$000**.

Publicações particulares por ajuste; — publicações de interesse geral — **gratis**.

Todos os pagamentos adiantados.

Publica-se ás 3.as 5.as e sabbados.

Dr. Guedes Pereira

O nosso illustre patricio e denodado republicano Dr. Francisco Xavier Guedes Pereira, um dos primeiros guerreiros que ao lado do festejado chefe do partido republicano de Pernambuco Dr. Jose Izidoro Martins Junior, que tantas e tantas vezes sacrificou a sua vida em prol da causa republicana, acaba de ser agora acintosamente demittido — *a bem do serviço publico* — apezar de haver sollicitado a sua exoneração do espinhoso cargo de Questor Policial, logar que exercia a contento de todos que nelle viam a sentinella fiel da lei, a garantia de todos os seus direitos, o baluarte onde se firmava o povo que nelle sempre encontrou um amigo dedicado até o sacrificio. [...]

sujeitado aos caprichos do Dr. Governador daquelle estado que a todo o transe queria obrigal-o a conculcar a lei.

O Dr. Guedes Pereira, porem, filho desta terra, sentio o sangue que borbulha em seu coração de areiense e quando o Dr. Barbosa Lima mostrando-lhe leis esdruxulas ao caso que discutiam exigia que o Dr. Guedes Pereira calcasse aos pés a lei que regia a sua repartição, elle resoluto e firme retirase de palacio e momentos depois o caprichoso Governador recebia o pedido de demissão daquelle nosso illustre patricio.

Procedeu correctamente.

Outro não deveria ser o procedimento de um areiense em taes condições.

O Dr. Barbosa Lima [...] pedido de demissão do Dr. Guedes Pereira ficou tão indignado que não o demittio — *a pedido* — e sim — *a bem do serviço publico* —.

Torpe viegança !

[...]

Detalhe da capa do jornal abolicionista **Verdade**, de 4 de junho de 1882. Observe como os jornais do século XIX não possuíam fotografias como os atuais.

BIBLIOTECA NACIONAL DE PORTUGAL, LISBOA/ARQUIVO DA EDITORA

OS LVSIADAS

DE LVIS DE CAMÕES.

¶ *Agora de nouo impresso, com algũas Annotações, de diuersos Autores.*

NON VI, SED INGENIO ET ARTE

¶ Com licença do Supremo Conselho da Sancta & Geeral Inquisição, por Manoel de Lyra

Em Lisboa. Anno de 1584.

Frontispício da edição de **Os Lusíadas** de 1584.

THEODODRE DE BRY/COLEÇÃO PARTICULAR

Gravura em cobre, de Theodore de Bry (s.d.), mostrando escravos trabalhando na produção de açúcar. Você seria capaz de identificar os diferentes tipos de atividades executadas pelos escravos na produção de açúcar?

Continuidades e mudanças

Se você reparar na história de uma família (a sua, por exemplo), vai perceber que algumas coisas mudam e outras permanecem iguais, mesmo com o passar do tempo. As pessoas se casam, têm filhos, compram uma nova casa ou mudam de cidade. Por outro lado, conservam alguns hábitos e costumes, como se reunir no almoço de domingo. Isso também vale para a sua cidade, o seu estado, o seu país.

A Romaria de Trindade, por exemplo, é uma cerimônia religiosa muito famosa no estado de Goiás. Embora tenha passado por diversas modificações ao longo dos anos, persiste até hoje, conservando aspectos das tradições religiosas goianas.

DIVULGAÇÃO/SANTUÁRIO PAI ETERNO/ARQUIVO DA EDITORA

A Romaria de Trindade, que acontece durante a Festa do Divino Pai Eterno, é um dos maiores eventos religiosos do Brasil, atraindo milhares de pessoas. Foto de 2009.

Ao mesmo tempo, porém, outras características culturais da região, apesar de bastante antigas, ganharam roupagens completamente novas. É o caso da atividade pecuária em Goiás. Observe as imagens abaixo. Na primeira, vê-se uma ilustração de Rugendas, na qual pessoas trabalham com o gado e um vaqueiro tenta laçar um touro; revela-se aí a importância da atividade pecuária para Goiás. Na segunda, temos a Exposição Agropecuária de Goiânia, que remete a essa mesma tradição, porém sob o aspecto festivo, de comemoração, com as competições de laço, montaria, corrida etc.

JOHANN MORITZ RUGENDAS/COLEÇÃO PARTICULAR

Habitantes de Goiás, de Johann Moritz Rugendas, 1835. O artista pintou essa imagem sem nunca ter estado em Goiás; por isso, muitos acreditam que essa paisagem não representa fielmente Goiás.

LAILSON DUARTE/O POPULAR/FUTURA PRESS

Prova do tambor durante a Exposição Agropecuária de Goiânia. Foto de 2006. Observe a maestria da garota na condução do cavalo. Atualmente as mulheres têm conquistado espaço em várias atividades profissionais que antes eram exclusivamente masculinas.

Se, por um lado, muitas coisas permanecem iguais ou mudam, por outro, várias praticamente desaparecem, deixando apenas vestígios e lembranças. A Pedra Goiana é um exemplo disso. Considerada um símbolo da cidade de Goiás, essa formação rochosa da Serra Dourada desmoronou em 1965. Não se sabe ao certo o que causou a queda da pedra. Alguns dizem que, com o tempo, a pedra se desgastou e veio abaixo; outros, porém, acreditam que ela tenha sido alvo de vândalos: um grupo de jovens a teria derrubado apenas por diversão. O fato é que hoje restam apenas fotografias e relatos das pessoas antigas sobre esse monumento.

A Pedra Goiana era considerada parte da história de Goiás. Foto de 1959. Nessa época, a fotografia era um artigo raro e caro. Por isso as pessoas estão todas elegantes, fazendo pose para aparecer bem na foto.

Tanto a Romaria de Trindade quanto a Exposição Agropecuária de Goiânia, ou as recordações da Pedra Goiana, têm valor coletivo, ou seja, dizem respeito e interessam a todas as pessoas da comunidade em que elas estão inseridas. No entanto, o patrimônio não se resume a bens materiais, criados pelos homens, como residências, igrejas, estradas etc., ou bens naturais, como rochas, montanhas ou rios. Os bens intelectuais, criados por um grupo, como uma receita de bolo ou um remédio produzido com uma planta medicinal, e os bens emocionais, como as manifestações cívicas, religiosas e artísticas, também fazem parte do patrimônio cultural. Esse patrimônio é construído ao longo de muitos anos de contato com povos e culturas diversas; portanto, conhecer o patrimônio cultural de um lugar é também uma forma de compreender o mundo ao redor.

A partir de agora, você vai descobrir o patrimônio histórico, natural e cultural de Goiás e compreender por que é tão importante preservar essa riqueza.

Para registrar em sala de aula

1. Identifique o tipo de bem cultural correspondente: material, intelectual, emocional ou natural.
   a) Receita de bolinho de arroz.
   b) Igreja do Nosso Senhor do Bonfim de Silvânia.
   c) Rio Araguaia.
   d) Festa do Divino Pai Eterno de Trindade.

Não escreva neste livro. Faça as atividades oralmente ou no caderno.

2. Descreva três bens materiais e naturais existentes na sua cidade.
3. Você aprendeu que documento histórico é tudo aquilo que pode fornecer informações ao historiador sobre a época ou o assunto que ele está pesquisando. Você acha que uma receita de bolinho de arroz ou a Festa do Divino Pai Eterno de Trindade podem ser documentos históricos? Por quê?

O patrimônio e o respeito às diferenças

Reconhecer que certas coisas possuem valor coletivo numa comunidade não significa dizer que todo mundo é igual ou que, necessariamente, deve gostar das mesmas coisas.

O arroz com pequi, por exemplo, é um prato típico da culinária goiana, mas não se pode afirmar que todo goiano gosta desse prato, ou que qualquer visitante vá gostar. Isso vale para outros gostos, costumes e modos de se vestir ou expressar a religiosidade. Da mesma forma, mesmo que um goiano não goste de arroz com pequi, não deixará de ser goiano, de pertencer àquela cultura e de se reconhecer nela. A esse sentimento dá-se o nome de **identidade cultural**; é ele que aproxima e une as pessoas, permitindo a elas conviver de forma democrática com as diferenças.

PATRICK GROSNER/FOLHAPRESS

O arroz com pequi é um prato muito apreciado em Goiás. O pequi é uma fruta de polpa amarela, com sabor bem marcante.
Cuidado! Não morda o pequi porque você pode se ferir com os espinhos do fruto.

Vamos fazer uma pesquisa

Você sabe o que torna você semelhante ou diferente dos seus colegas? Responda às questões a seguir e, depois, compare as respostas com as de seus colegas para conhecê-los melhor.

- Em qual país você nasceu?
- Em qual estado você nasceu?
- Em qual cidade você nasceu?
- Em qual década você nasceu?
- Em que ano você nasceu?
- Qual é o seu tipo de música preferida?
- Para qual time de futebol você torce?
- Você gosta de jiló?
- Qual é a sua religião?
- O que você gosta de fazer aos domingos?
- Qual é o seu último nome?
- Quando crescer, você pretende trabalhar em quê?
- Qual curso universitário você deseja fazer?
- Você pretende ter filhos? Quantos?
- Qual é o seu maior sonho?

RICARDO GIROTTO/ ARQUIVO DA EDITORA

Capítulo 1

Os primeiros habitantes das terras do atual Goiás

Diferentemente do que muitos imaginam, as terras atualmente chamadas de Goiás já eram ocupadas por seres humanos há milhares de anos: antes de a primeira cidade em Goiás ser construída; antes de Pedro Álvares Cabral chegar à parte sul do continente americano; antes do nascimento de Jesus Cristo; antes até de as famosas pirâmides do Egito serem erguidas. Mas como se pode ter certeza disso? Aí vem o mais interessante. Esses primeiros habitantes deixaram muitos vestígios, como as pinturas rupestres que você observa abaixo.

Neste capítulo, vamos estudar esses vestígios e, assim, descobrir quem eram esses povos e como eles viviam.

GOIÁS: LOCALIZAÇÃO DA TOCA DA ONÇA

MARIO YOSHIDA/ARQUIVO DA EDITORA

Adaptado do **Atlas geográfico escolar**. Rio de Janeiro: IBGE, 2009. p. 180.

FOTOS: CADU GOMES/CB/D.A PRESS

As pinturas rupestres encontradas na Toca da Onça (foto inferior), em Formosa, são registros dos seres humanos que viveram na região até 10 mil anos atrás. Fotos de 2010.

Rica em pinturas rupestres, a Toca da Onça é um conjunto de grutas localizado em Formosa. Foto de 2010.

Na pista dos vestígios

Para reconstituir o modo de vida de pessoas que viveram há tanto tempo, como os primeiros habitantes de Goiás, é preciso estudar a fundo os vestígios deixados por esses povos. Esse é o trabalho dos arqueólogos. Quando marcas ou objetos tão antigos são descobertos, por exemplo, em grandes obras ou escavações, os arqueólogos se dedicam a analisá-los.

Em Goiás, os vestígios dos primeiros habitantes são encontrados em muitos municípios. Os locais onde esses vestígios aparecem são chamados pelos pesquisadores de **sítios arqueológicos**. Veja o mapa ao lado.

GOIÁS: LOCALIZAÇÃO DOS PRINCIPAIS SÍTIOS ARQUEOLÓGICOS GOIANOS

Adaptado de: **Índios de Goiás: uma perspectiva histórico-cultural**, de Marlene Castro Ossami de Moura. Goiânia: UCG/Vieira/Kelps, 2006. p. 30.

MARIO YOSHIDA/ARQUIVO DA EDITORA

A Toca da Onça, que você viu na abertura deste capítulo, faz parte de um dos mais importantes conjuntos de sítios arqueológicos de Goiás e do Brasil, localizado em Formosa.

Repare que, ao observar as pinturas rupestres da Toca da Onça, muitas perguntas vêm à nossa cabeça: quando e quem deixou esses registros? Por quê? O que esses símbolos significam?

Também nos fizemos essas perguntas na primeira vez em que visitamos a Toca da Onça. Quem nos ajudou a compreender melhor esse importante patrimônio histórico de Goiás foi uma das primeiras arqueólogas de Goiás.

História da minha cidade

Formosa

FABIO COLOMBINI/ACERVO DO FOTÓGRAFO

O Salto de Itiquira, localizado no município de Formosa, é uma das maiores quedas-d'água do Brasil. Foto de 2005.

GOIÁS: LOCALIZAÇÃO DE FORMOSA

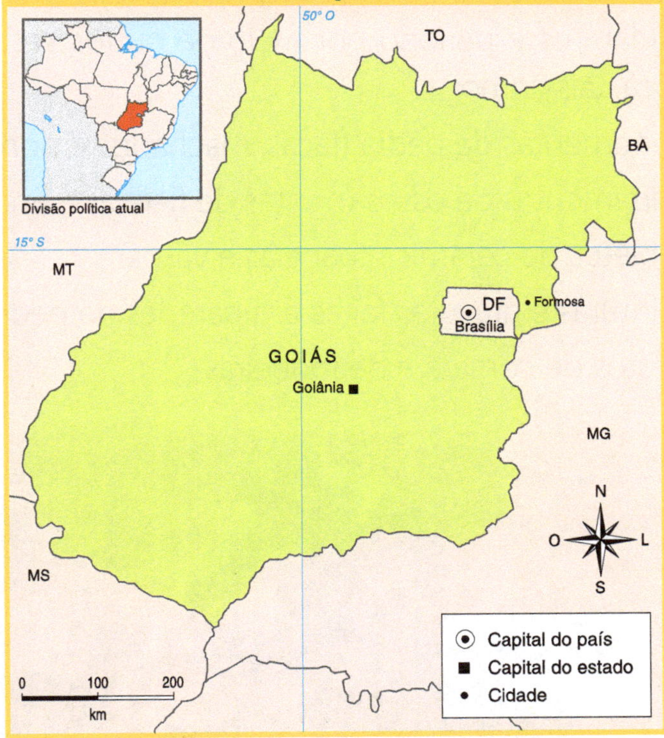

MARIO YOSHIDA/ARQUIVO DA EDITORA

Adaptado do **Atlas geográfico escolar**. Rio de Janeiro: IBGE, 2009. p. 180.

Localizado numa região conhecida como "Entorno de Brasília", o município de Formosa foi fundado por volta da segunda metade do século XVIII e está a 75 quilômetros de Brasília e a 272 quilômetros de Goiânia.

A história de Formosa é bem interessante. Conta-se que, ainda no século XVIII, um grupo de pessoas fugiu de onde morava por causa de uma epidemia e fundou um pequeno povoado, que, tempos depois, passou a ser conhecido como "Couros", nome provavelmente devido ao fato de que no local produzia-se couro de gado. Em 1843, o povoado recebeu o nome de "Vila Formosa da Imperatriz". Naquela época, era comum os lugares terem nomes extensos. Atualmente, o município é conhecido apenas por "Formosa".

O nome "Formosa" é bem adequado para descrever as belezas naturais do município, entre elas o Salto de Itiquira, uma queda-d'água de 168 metros de altura – uma das mais altas de toda a América Latina –; a Lagoa Feia (feia só de nome!), um lago com mais de 6 quilômetros de extensão; e o Buraco das Araras, uma caverna com mais de 100 metros de profundidade.

Quem foram eles? – Rumo à Pré-história

Geralmente, o termo "Pré-história" é utilizado para nomear as épocas em que os seres humanos ainda não sabiam escrever. Na falta de registros escritos, os arqueólogos estudam esse período por meio de outros vestígios deixados por quem viveu nessa época, tais como:

- ferramentas de pedra (facas, machados e pontas de lança);
- ferramentas de ossos (pontas de flechas e anzóis);
- objetos de cerâmica (panelas e vasos);
- pinturas e gravuras feitas em paredes de pedra;
- restos de comida e de fogueiras.

PROJETO UHE/UNIVERSIDADE CATÓLICA DE GOIÁS

Pesquisador separa restos de cerâmica localizados no sítio arqueológico de Gengibre, município de Caldas Novas. Foto de 2006.

Pontas feitas de rochas, encontradas na Serra da Mesa em Goiás.

PROJETO UHE/UCG/ARQUIVO DA EDITORA

Os primeiros habitantes do cerrado não conheciam a escrita e, portanto, para os pesquisadores, pertencem ao período da História conhecido como Pré-história, que é muito antigo, mas não tão antigo como a época dos dinossauros. Os dinossauros foram extintos há 165 milhões de anos, e os registros humanos mais remotos são de uns 100 mil anos atrás. É importante lembrar, porém, que a Pré-história não aconteceu na mesma época em todos os lugares. Na Europa, Ásia e África, ela acabou há 10 mil anos. Aqui na América, ela teve fim há apenas 1500 anos.

Para saber mais...

Além do termo "Pré-história", existem outros termos utilizados para descrever períodos específicos da História do continente americano. São eles:

Pré-colombiano: termo que significa "antes da chegada de Colombo". Cristovão Colombo foi um navegador europeu que chegou ao continente americano em 1492. Portanto, muitas sociedades que já existiam antes dessa data são chamadas de pré-colombianas, como os astecas, os maias e os incas.

Pré-cabralino: termo que significa "antes da chegada de Cabral". Pedro Álvares Cabral foi um navegador português que chegou às terras que hoje correspondem ao Brasil em 1500. Portanto, as sociedades indígenas que habitavam o atual território brasileiro, tais como os Tupinambá, Carajá, Goitacás etc. são chamadas de pré-cabralinas.

DOMENICO GHIRLANDAIO/MUSEU MARÍTIMO DE PEGLI, GÊNOVA

Cristovão Colombo, navegador europeu que chegou ao continente americano em 1492.

ALBERT ECKHOUT/MUSEU NACIONAL DA DINAMARCA, COPENHAGEN

Mulher Tupinambá, de Albert Eckhout. Considerados extintos, os Tupinambá habitavam a atual costa brasileira quando Pedro Álvares Cabral chegou às terras que hoje correspondem ao Brasil.

Quando os primeiros habitantes se estabeleceram no cerrado

Segundo os arqueólogos, existem sinais seguros de que há pelo menos 10 mil anos os seres humanos já habitavam as terras que hoje fazem parte do estado de Goiás. Faz muito tempo, não é mesmo? No entanto, você já parou para pensar em como eles descobriram isso? Como eles sabem, por exemplo, a idade dos vestígios – objetos, ferramentas, ossos, entre outros – deixados pelos primeiros habitantes do cerrado?

Para descobrir a idade de objetos antigos, os cientistas medem a presença de carbono 14 nesses objetos. O carbono 14 é um elemento químico que apresenta uma carga de radioatividade que diminui gradativamente com o passar do tempo.

Assim, por exemplo, para verificar a idade de um pedaço de osso humano encontrado numa escavação, basta verificar a quantidade de carbono 14 presente nele. Todo ser vivo possui carbono 14 na mesma proporção; quando ele morre, começa a perder esse elemento químico. Quando a quantidade desse elemento estiver pela metade, significa que o osso tem mais ou menos 5 mil e 600 anos; se o carbono 14 estiver em 1/4, o osso tem cerca de 11 mil e 200 anos e quando o carbono estiver quase acabando, o osso tem aproximadamente 70 mil anos.

Foi com base nesse método que os arqueólogos analisaram um esqueleto humano encontrado em Serranópolis, município localizado no sudoeste do estado de Goiás. Ao medir a quantidade de carbono 14 presente no esqueleto, os pesquisadores perceberam que a idade dos ossos variava entre 11 500 e 8 mil anos. É por isso que se afirma que o povoamento da região onde hoje é Goiás se deu por volta de 10 mil anos atrás.

JACEK/KINO.COM.BR

O Museu Histórico de Jataí "Francisco Honório Campos" possui um dos acervos arqueológicos mais importantes do Centro-Oeste. Nele, está localizado o esqueleto do Homem da Serra do Cafezal, encontrado em Serranópolis, que possui idade estimada em mais de 11 mil anos. O esqueleto é curiosamente conhecido como "Zé Gabiroba", em referência a uma fruta do cerrado.

No entanto, será que, durante milhares de anos, esses povos viveram do mesmo jeito? Claro que não! Vamos estudar agora o modo de vida desses povos pré-históricos e compreender as principais mudanças que marcaram sua existência.

A organização social dos primeiros habitantes do cerrado

Ao analisar os vestígios deixados pelos povos pré-históricos da região de Goiás, os pesquisadores logo notaram que muita coisa havia mudado ao longo desses milhares de anos.

Até certa época, os primeiros habitantes do cerrado utilizavam apenas rochas para fabricar as próprias ferramentas e utensílios. Depois, passaram a usar também a cerâmica. No início, não conheciam a agricultura; viviam apenas da caça, da coleta de frutos e da pesca. Com o tempo, porém, aprenderam a usar a agricultura para produzir os próprios alimentos.

Com base nessas mudanças, os pesquisadores dividiram a população pré-histórica de Goiás em dois períodos: o período dos caçadores-coletores e o período dos ceramistas. Observe as características de cada período na tabela abaixo.

	População pré-histórica de Goiás	
	Caçadores-coletores (10 mil a 2 mil anos)	**Ceramistas** (2 mil a 300 anos)
Tipo de alimentação	caça, coleta e pesca	caça, coleta, pesca e agricultura
Tipo de técnica utilizada	uso somente de rochas	uso também da cerâmica

FERNANDA E. COSTA/UNIVERSIDADE CATÓLICA DE GOIÁS

Pote de cerâmica encontrado no Vale dos Sonhos, um dos bairros de Goiânia.

Tanto em um período quanto no outro, a caça e a pesca eram as principais formas de obter alimento. E, se você acha que os homens dessa época caçavam grandes animais, como mamutes, gliptodontes, tigres-dentes-de-sabre e mastodontes, saiba que você está enganado!

Embora nos filmes e desenhos animados esses bichos enormes apareçam convivendo com os seres humanos, tudo não passa de ficção. Esses animais foram extintos há 10 mil anos, ou seja, antes de os primeiros grupos humanos chegarem ao cerrado.

O mastodonte é um parente distante do elefante. Chegava a ter quase 3 metros de altura.

O tigre-dentes-de-sabre tem esse nome porque seus dentes eram do tamanho de uma pequena espada chamada sabre.

ILUSTRAÇÕES: OSNI DE OLIVEIRA/ARQUIVO DA EDITORA

O gliptodonte era uma espécie de tatu gigante.

Mas, se a população pré-histórica de Goiás não caçava esses grandes animais, que tipos de alimentos eles consumiam?

Alimentação

Hoje, existem muitos tipos de alimentos disponíveis para o consumo humano. Há cerca de 10 mil anos, as coisas não eram bem assim. Encontrar alimentos naquela época era o principal desafio das pessoas. Para sobreviver, a população pré-histórica de Goiás precisava caçar animais como capivaras, veados, tamanduás, tatus, tartarugas, emas, peixes, pássaros, cobras, lagartos, caramujos e até lesmas. A oferta de alimentos só aumentou quando os primeiros habitantes do cerrado começaram a praticar a agricultura.

IGPA/UNIVERSIDADE CATÓLICA DE GOIÁS

UNIVERSIDADE CATÓLICA DE GOIÁS/ARQUIVO DA EDITORA

Restos de conchas de moluscos encontrados em um sítio arqueológico de Serranópolis. Os moluscos eram muito apreciados como alimentos pela população caçadora-coletora pré-histórica de Goiás.

Pintura rupestre de pequenos répteis encontrada no município de Caiapônia. Animais pequenos como os répteis eram uma fonte abundante de alimentos para a população pré-histórica de Goiás.

A agricultura foi, sem dúvida, uma das principais invenções da humanidade, pois, além de aumentar a oferta de alimentos, provocou enormes mudanças no comportamento humano. Antes dela, os caçadores-coletores viviam como nômades, perambulando de um lugar para outro em busca de alimento. Já os ceramistas, como praticavam a agricultura, puderam morar, por algum tempo, em lugares fixos, tornando-se sedentários.

A agricultura também permitiu a produção de alimentos novos e saborosos aos primeiros grupos humanos, que passaram a cultivar, por exemplo, milho, amendoim e abóbora, produtos ainda consumidos atualmente. A cabaça e o algodão, muito usados nos dias de hoje, também eram cultivados por esses povos.

JANDUARI SIMÕES/FOLHAPRESS

JORGE BUTSUEM/ARQUIVO DA EDITORA

SAULO MAZZONI/ARQUIVO DA EDITORA

A agricultura permitiu à população pré-histórica alimentar-se de milho, amendoim e abóbora.

GERSON GERLOFF/PULSAR IMAGENS

RUBENS CHAVES/ ACERVO DO FOTÓGRAFO

A cabaça é um vegetal de grande utilidade: vasilhame para alimentos ou líquidos, amplificador de som usado em instrumentos musicais, como o berimbau, e objeto de decoração.

No entanto, mesmo com a prática da agricultura, os primeiros habitantes do cerrado continuaram a complementar a sua alimentação com a caça e a pesca.

Moradia

Dizer que os homens pré-históricos moravam em cavernas, como faz a maioria dos desenhos animados, também não é totalmente correto! Os grupos caçadores-coletores não possuíam moradia fixa e viviam se deslocando de um lugar para o outro em busca de alimento. Para eles, as cavernas eram apenas um refúgio temporário. Na maioria das vezes, dormiam debaixo de árvores, em buracos ou ao ar livre. Já os grupos ceramistas, com a prática da agricultura, moravam em pequenas aldeias, geralmente situadas às margens de rios e córregos.

Então, por que surgiu a expressão "homem das cavernas"? Essa expressão surgiu porque a maioria dos vestígios da população pré-histórica, como pontas de lanças, cerâmicas, pinturas e desenhos, foram encontrados em cavernas e grutas. Isso não significa, porém, que eles moravam lá. Ocorre que, nas cavernas, esses vestígios ficaram protegidos do desgaste do tempo, da chuva e do sol e puderam ser preservados até os dias atuais.

IGPA/UNIVERSIDADE CATÓLICA DE GOIÁS

Abrigo de rocha utilizado como local de refúgio temporário da população pré-histórica de Goiás.

Fabricação de ferramentas e objetos

Os primeiros habitantes do cerrado eram capazes de fabricar vários tipos de ferramentas. Os grupos caçadores-coletores fabricavam muitos utensílios com rochas e ossos, como machados, facas, pontas de lanças e flechas, anzóis, entre outros. No início, esses utensílios eram mais rústicos, porém, com o tempo, foram sendo aperfeiçoados.

IGPA/UNIVERSIDADE CATÓLICA DE GOIÁS

Instrumento de rocha feito pela população pré-colonial encontrado na região de Serranópolis (GO).

Já os grupos ceramistas, como o próprio nome diz, utilizavam a argila para fabricar panelas, potes, formas para assar alimentos e urnas funerárias, onde colocavam os mortos para serem enterrados; mas, claro, também não deixaram de fabricar utensílios de rochas ou ossos.

Além de rocha, ossos e argila, é provável que os primeiros habitantes do cerrado também tenham utilizado materiais como a madeira e o couro na confecção de alguns objetos. Porém, como esses materiais se desgastam com a ação do tempo, eles nunca foram encontrados pelos pesquisadores.

Para saber mais...

RUBENS CHAVES/ACERVO DO FOTÓGRAFO

Panela de barro: um utensílio inventado na Pré-história e até hoje presente na cozinha de muitas casas.

Se você observar bem a cozinha de sua casa, talvez veja muitos tipos de panelas. Algumas são de ferro, outras de alumínio; existem até panelas de latão ou de vidro. Mas existe um tipo de panela muito especial: são as panelas de barro. Não se sabe ao certo quando as panelas de barro começaram a ser usadas, mas desde o período pré-histórico elas já eram utilizadas para o preparo de alimentos. Assim como naquele período, em muitos lugares, atualmente, essas panelas são feitas artesanalmente, ou seja, não são produzidas em grandes fábricas, mas por pessoas que herdaram de seus pais e avós a técnica de modelar o barro com as próprias mãos – um patrimônio cultural que deve ser preservado.

Sepultamento dos mortos

Desde a Pré-história, os seres humanos já enterravam os seus mortos. Isso demonstra que eles não eram muito diferentes de nós, já que também possuíam um profundo respeito pelos entes queridos que faleciam.

As populações caçadoras-coletoras colocavam os seus mortos em buracos e os protegiam com pedras. Já os grupos ceramistas fabricavam grandes vasos de cerâmica, as urnas funerárias, onde depositavam os entes queridos mortos.

CARLOS TERRANA/KINO.COM.BR

Os grupos ceramistas da Pré-história utilizavam grandes vazos de argila como urnas funerárias para sepultar os seus mortos.

Arte rupestre

De modo geral, os primeiros habitantes do cerrado desenhavam coisas que faziam parte do seu dia a dia, como figuras de animais e de seres humanos. Também faziam desenhos de figuras geométricas e dos astros celestes, como o Sol, a Lua e as estrelas. A essa forma artística de expressão dos povos pré-históricos dá-se o nome de **arte rupestre**.

Goiás é um estado rico em arte rupestre. Há mais de 120 grutas com pinturas ou gravuras desse tipo espalhadas por vários municípios. As mais conhecidas estão em Caiapônia, Formosa, Palestina de Goiás e Serranópolis. Ao contrário do que se pensa, a arte rupestre não aparece apenas no interior de grutas ou cavernas, mas também em rochas a céu aberto.

GOIÁS: PRINCIPAIS MUNICÍPIOS COM ARTE RUPESTRE

MARIO YOSHIDA/ARQUIVO DA EDITORA

Adaptado do **Atlas geográfico escolar**. Rio de Janeiro: IBGE, 2009. p. 180.

Quando observamos essas gravuras, ficamos imaginando qual era a intenção das pessoas que as desenharam. Nunca vamos saber, com certeza, por que razões eram feitas as gravuras em paredes de pedra, mas os estudiosos têm alguns palpites.

FOTOS: IGPA/UNIVERSIDADE CATÓLICA DE GOIÁS

Figuras geométricas em uma gruta no município de Formosa (GO).

Figuras geométricas encontradas a céu aberto no município de Itapirapuã (GO).

Pintura rupestre representando um ser humano adulto carregando uma criança, localizada em Palestina de Goiás (GO).

Alguns acham que as gravuras eram um ritual mágico para ajudar na caça e na pesca: se alguém fizesse um desenho caçando um animal, teria mais facilidade para caçá-lo na vida real. Nesse caso, as pinturas seriam uma espécie de "magia" para ajudar no dia a dia dos caçadores.

Outros estudiosos pensam de forma diferente: acham que as gravuras e pinturas eram apenas obras de arte de algum talentoso artista. Da mesma forma que hoje temos pessoas que gostam de desenhar e pintar, naquela época também haveria esse tipo de pessoa. Então, os desenhos nas paredes de pedras teriam sido, para esses estudiosos, obras de um artista bem talentoso, que aproveitava o tempo livre.

Há também quem acredite que o objetivo das gravuras era transmitir uma mensagem, por exemplo, marcando o território de um grupo ou sinalizando um fato ali ocorrido. Nesse caso, os desenhos substituiriam a escrita no registro de fatos importantes da vida dessa população.

De qualquer forma, essas gravuras são importantíssimas para conhecermos melhor o passado da humanidade. Afinal, esses registros raros desses ancestrais nos ajudam a compreender o estilo de vida das populações pré-históricas, permitindo-nos imaginar o que pensavam os primeiros seres humanos e como viviam. Por isso, esses registros devem ser preservados e protegidos.

Patrimônio histórico pelo mundo

A caverna de Altamira, na Espanha

A caverna de Altamira está localizada a 30 quilômetros de Santander, na Espanha, e preserva um dos mais importantes conjuntos de pinturas rupestres da humanidade. Por volta de 13 mil anos atrás, uma rocha bloqueou a entrada da caverna, preservando as pinturas do seu interior. Apenas no ano de 1879 as pinturas rupestres foram descobertas, maravilhando todo o mundo pela nitidez e perfeição dos desenhos.

MELBA PHOTO AGENCY/ALAMY/DIOMEDIA

As pinturas rupestres da caverna de Altamira, na Espanha, são admiradas pela perfeição dos desenhos.

Explorando as imagens

As fotos desta página são de pinturas rupestres encontradas em Goiás. Observe-as atentamente e, em seguida, responda às questões no caderno.

IGPA/UNIVERSIDADE CATÓLICA DE GOIÁS

Pintura rupestre encontrada em Caiapônia (foto ao lado) e em Serranópolis (foto abaixo).

JACEK/KINO.COM.BR

Faça as atividades seguintes no caderno.

1. Identifique os tipos de animais representados nas pinturas rupestres.
2. Quais hipóteses você poderia levantar para explicar esses desenhos?

Para registrar em sala de aula

1. Pithecanthropus erectus da Silva, conhecido como Piteco, é um personagem de uma história em quadrinhos criada por Mauricio de Sousa e ambientada na Pré-história. Observe a tirinha e, em grupo, respondam às questões.

© MAURICIO DE SOUSA PRODUÇÕES - BRASIL/2011

© MAURICIO DE SOUSA PRODUÇÕES LTDA./ ACERVO DO CARTUNISTA

a) Até que ponto a tirinha está correta do ponto de vista histórico?

b) Até que ponto as histórias em quadrinhos, o cinema e os jogos de *videogame* devem ser coerentes com os indícios históricos?

2. Se, na Pré-história, os seres humanos não utilizavam a escrita, como os pesquisadores estudam essa época?

3. No caderno, escreva o termo mais adequado para descrever a época de acontecimentos ocorridos em:

a) 1200, onde hoje é a América Central;

b) 1450, onde hoje é o Brasil;

c) 12340 a.C., no continente europeu.

4. Em cada época, as pessoas vivem de modo diferente. Reproduza no caderno a tabela abaixo e complete-a com as diferenças que, na sua opinião, existem entre você e uma criança caçadora-coletora que viveu há 10 mil anos na região onde hoje é o estado de Goiás.

	Criança que viveu na Pré-história	Você
Moradia	Como você imagina que era a moradia dessa criança? Descreva-a.	Descreva a sua casa.
Alimentação	Descreva os alimentos disponíveis há 10 mil anos.	Cite os principais alimentos consumidos por você.
Segurança	Aponte os perigos aos quais essa criança estava sujeita.	Aponte os principais perigos que existem no seu bairro.
Utensílios domésticos	Descreva os utensílios existentes na época.	Descreva os utensílios existentes na sua casa.

Coisas da nossa terra

Chamava-se Ana Lins dos Guimarães Peixoto Bretas, mas era conhecida como Cora Coralina. Nasceu na cidade de Goiás, em 1889, e faleceu em Goiânia, em 1985. Publicou seu primeiro livro aos 76 anos, encantando todo o Brasil com a sua poesia sobre os costumes e as tradições de seu estado e mostrando que o tempo e a idade não são obstáculos para a criatividade. Leia a seguir um trecho de seu poema "Oração do milho".

IUGO KOYAMA/ARQUIVO DA EDITORA

Cora Coralina: uma mulher simples que se tornou uma das mais importantes poetisas brasileiras.

Oração do milho

Senhor, nada valho.
Sou a planta humilde dos quintais pequenos e das lavouras pobres.
Meu grão, perdido por acaso,
nasce e cresce na terra descuidada.
Ponho folhas e haste, e se me ajudares, Senhor,
mesmo planta de acaso, solitária,
dou espigas e devolvo em muitos grãos
o grão perdido inicial, salvo por milagre,
que a terra fecundou.
Sou a planta primária da lavoura.
[...]
Sou apenas a fartura generosa e despreocupada dos paióis.
Sou o cocho abastecido donde rumina o gado.
Sou o canto festivo dos galos na glória do dia que amanhece.
Sou o cacarejo alegre das poedeiras à volta dos seus ninhos.
Sou a pobreza vegetal agradecida a Vós, Senhor,
que me fizestes necessário e humilde.
Sou o milho.

Cora Coralina, seleção de Darcy França Denófrio. São Paulo: Global, 2004. p. 291-292.

1. Neste capítulo você viu que a invenção da agricultura aumentou bastante a oferta de alimentos para a população humana. Escreva uma lista de alimentos que podem ser feitos com o milho.

2. Além de servir ao consumo humano, o milho, no poema, é utilizado para alimentar quais animais?

Capítulo 2

Os povos indígenas

Quando se fala de uma aldeia de indígenas, em quantas pessoas você pensa? Trinta? Cinquenta? Mais de cem? E se disséssemos que existe uma aldeia indígena em Goiás em que vivem apenas seis pessoas?

Estranho, não? Pois, acredite. Na aldeia dos Avá-Canoeiro, em Minaçu, município ao norte de Goiás, existem apenas quatro adultos e duas crianças. E sabe o que essa família indígena tem de tão interessante? Os membros dela estão entre os últimos sobreviventes da tribo dos Avá-Canoeiro. Além do pequeno grupo de Minaçu, existe apenas outro, localizado na Ilha do Bananal.

Com o início da colonização portuguesa no século XVI, muitos grupos indígenas foram dizimados. Estima-se que, na metade do século XVIII, cerca de 250 anos atrás, havia mais de 3 mil indígenas nas terras de Goiás. Hoje, a população indígena Avá-Canoeiro, por exemplo, não passa de 20 pessoas. O que aconteceu com esses indígenas? Por que eles estão à beira da extinção?

ANTÔNIO GAUDÉRIO/FOLHAPRESS

Crianças Avá-Canoeiro no Rio Tocantins em Minaçu (GO).

Para responder a essa pergunta sobre os Avá-Canoeiro e sobre outros indígenas que habitavam as terras goianas, é preciso conhecer um pouco da história desses grupos. Fomos então em busca de um dos maiores estudiosos dos indígenas de Goiás, o professor Jesco. A partir de agora, vamos contar a você tudo o que aprendemos com ele.

Grupos indígenas de Goiás

Atualmente, existem apenas três aldeias indígenas no território goiano: os Avá-Canoeiro em Minaçu, os Carajá em Aruanã e os Tapuia em Rubiataba. Isso demonstra quanto a colonização de Goiás foi perversa para os indígenas, pois sabe-se que, antes da chegada dos portugueses, dezenas de tribos habitavam o atual território goiano.

As principais tribos indígenas que habitavam o atual território goiano eram: Araxá, Caiapó, Goiá, Araés, Xavante, Carajá, Crixás, Avá-Canoeiro, Akroá e Tapirapé, entre outras.

Organizado com base em mapa produzido por Ernesto Camelo de Castro – IGPA.

Menina Carajá na Praia da Farofa em Aruanã. Foto de 2001.

CRISTINA CABRAL/O POPULAR/FUTURA PRESS

Para saber mais...

De acordo com os antropólogos – estudiosos que se dedicam ao estudo do ser humano e de sua vida em sociedade –, o nome de tribos, povos ou nações indígenas não deve ser flexionado no plural e deve ser grafado com inicial maiúscula. Assim, para esses estudiosos, o correto é: os Caiapó, os Tupi, os Avá-Canoeiro.

No entanto, nem todos esses indígenas falavam a mesma língua e possuíam os mesmos costumes. Desse modo, os pesquisadores dividem os indígenas de Goiás em dois grandes grupos:

- **Grupo Macro-Jê**: são os indígenas que habitavam o interior do atual território brasileiro, na região do cerrado. Eram Macro-Jê: Caiapó, Xavante, Carajá, Javaé, Xambioá, Crixá.
- **Grupo Tupi**: habitavam o litoral brasileiro; fazem parte desse grupo os Avá-Canoeiro e os Tapirapé. Quando os portugueses começaram a colonizar o Brasil, muitos desses indígenas vieram para o interior, alguns chegando até o atual território goiano.

Agora vamos conhecer um pouco mais sobre dois grupos indígenas, cada um representando um grupo linguístico: os Caiapó, do grupo Jê, e os Avá-Canoeiro, do grupo Tupi.

Para saber mais...

Os indígenas Goiá

Apesar de pouco se saber sobre os indígenas Goiá, o nome do estado provém deles. Quando o bandeirante Anhanguera chegou ao atual território goiano, por volta de 1722, afirmou ter encontrado os pacíficos indígenas Goiá na região onde hoje localiza-se a cidade de Goiás. Depois disso, praticamente não se ouviu mais falar deles. Esse desaparecimento repentino é um grande mistério: será que foram exterminados por guerras ou doenças? Ou se mudaram para outras regiões? Será que se misturaram aos bandeirantes ou a outros indígenas? Ou foram erroneamente chamados pelos bandeirantes de Goiá, quando, de fato, faziam parte de outro grupo indígena? Infelizmente, não há uma resposta definitiva para essa questão. O importante é que o nome "goiá" está presente no nome do estado e em várias cidades: cidade de Goiás, Goiânia, Goianira, Goianápolis, Aragoiânia.

Os indígenas Caiapó

Os Caiapó habitavam onde atualmente é a parte central do estado de Goiás. Como essas terras eram as que os colonizadores mais desejavam, esses indígenas foram os primeiros a travar uma guerra longa contra o invasor. Nessa guerra, muitos indígenas acabaram mortos ou escravizados pelos colonizadores. No entanto, os Caiapó rebelaram-se com violência, resistindo à colonização branca.

Explorando o documento

O "Diretório dos Índios" é um documento importante sobre a relação entre os colonizadores e os grupos indígenas a partir do século XVIII. Elaborado em 1755, esse documento tem 95 artigos e demonstra a intenção do governo de Portugal de submeter os grupos indígenas à cultura europeia, proibindo sua escravização pelos brancos e procurando convertê-los ao catolicismo. Leia a seguir um dos artigos desse documento que trata da língua que os indígenas deveriam utilizar.

"Sempre foi um costume praticado por todas as nações, que conquistaram novos domínios, introduzir logo nos povos conquistados o seu próprio idioma, por ser evidente que este é um dos meios mais eficazes para retirar dos povos rústicos a barbaridade dos seus antigos costumes; [...] Será um dos principais cuidados dos Diretores estabelecer nos respectivos aldeamentos o uso da língua portuguesa, não permitindo por modo algum que os meninos e as meninas e todos aqueles índios que forem capazes de instrução usem a língua própria das suas nações, mas unicamente da língua portuguesa."

Diretório dos Índios. Disponível em: <www.nacaomestica.org/diretorio_dos_indios.htm>. Acesso em: 22 out. 2010. Texto adaptado.

Faça as atividades seguintes no caderno.

1. Segundo o texto, qual foi a intenção dos governantes portugueses ao obrigar os indígenas a utilizar somente a língua portuguesa?
2. É correto obrigar um povo a falar outra língua e modificar seus costumes? Justifique.
3. Ao afirmar que o principal objetivo da conversão dos indígenas ao catolicismo era "retirar dos povos rústicos a barbaridade dos seus antigos costumes", o autor do texto está emitindo uma opinião negativa ou positiva sobre os grupos indígenas? Por quê?
4. O ministro português responsável pela política indígena era, na época, o Marquês de Pombal. Escreva uma pequena carta para o Marquês, expressando se você acha certa ou errada a determinação que proíbe os indígenas de usarem a língua nativa.

Diante da resistência violenta dos Caiapó, os colonizadores contrataram, por 15 quilos de ouro, um sertanista chamado Antônio Pires de Campos, líder de um grupo de guerreiros especializados em combater os indígenas. Com extrema violência, o sertanista matou e escravizou vários grupos, destruindo muitas aldeias. Antônio Pires de Campos era tão cruel que a população da época ficou chocada com seus métodos. Apesar do ouro que recebeu, ele morreu pobre e endividado, vítima de complicações de uma flechada que levou dos Caiapó.

Mesmo diante da violência de Antônio Pires e de outros sertanistas, os Caiapó continuaram a resistir por alguns anos. No entanto, os colonizadores eram em maior número e possuíam armas mais potentes. Dessa forma, por volta do ano 1780, uma aldeia Caiapó, sob a liderança do cacique Ramecci, resolveu render-se aos colonizadores. Esse grupo de indígenas foi levado para um aldeamento construído pelos colonizadores chamado de São José de Mossâmedes. Lá, eram obrigados a se vestir como os brancos e a adotar a religião católica. Nem todos os indígenas, porém, adaptaram-se aos novos costumes. Muitos abandonaram o aldeamento, que foi finalmente extinto em 1831.

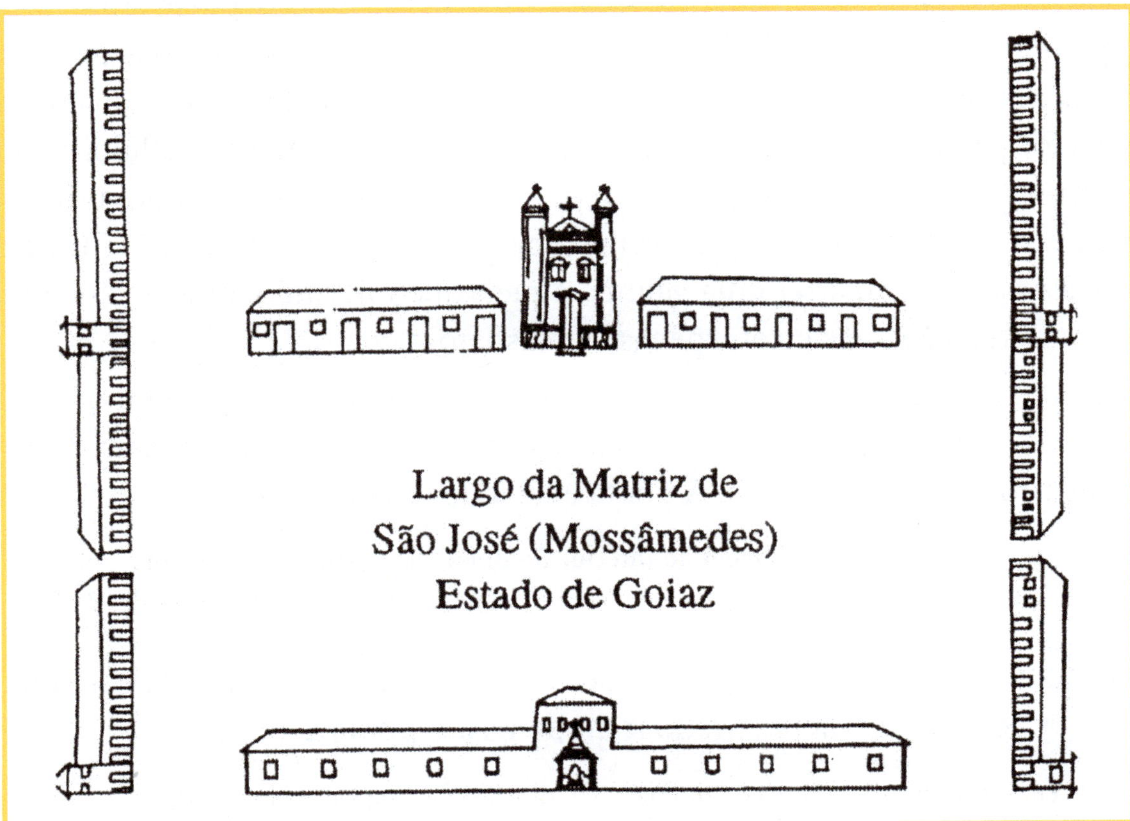

IGPA/UNIVERSIDADE CATÓLICA DE GOIÁS

O aldeamento de São José de Mossâmedes foi construído pelos governadores portugueses para abrigar os indígenas que aceitassem adotar os costumes e a cultura dos colonizadores.

Os Caiapó tinham apenas duas opções: resistir aos colonizadores e correr o risco de serem mortos ou se entregar e viver num aldeamento, sob a condição de abandonar sua cultura e seus costumes.

Explorando o documento

AUTORIA DESCONHECIDA/BIBLIOTECA NACIONAL DA ÁUSTRIA, VIENA

O médico austríaco Johann Emanuel Pohl fez uma série de viagens pelo interior do Brasil entre 1817 e 1822. Em 1819, esteve em Goiás e visitou o aldeamento de São José de Mossâmedes, onde viviam os Caiapó. Leia a descrição que ele fez desses indígenas.

Johann Emanuel Pohl foi um médico austríaco que deixou importantes descrições sobre a sociedade e a natureza brasileiras do século XIX.

"Como entre todos os selvagens, o fogo é produzido esfregando bem rápido duas varas secas de urucu. Eles fazem um pequeno buraco numa das varas, colocam-na no chão e enfiam nela a outra vara e começam a girá-la rapidamente com a palma das mãos. Logo aparecem fagulhas que se espalham pelos fragmentos de madeira.

Os Kaiapó são muito habilidosos para atirar flechas. Conseguem atirá-las com o corpo em movimento, uma técnica para escapar das flechas atiradas pelos inimigos. Com o seu arco de quase dois metros de comprimento, conseguem atingir um alvo a 80 passos de distância. Esses índios selvagens são mais habilidosos do que os outros para atirar flechas por elevação e atingir o alvo. Isso é muito útil nas matas selvagens, onde conseguem atingir um alvo sem serem vistos. Fiz uma experiência na aldeia: amarrei uma galinha e pedi que um índio atirasse cinco flechas nela por elevação – ele errou apenas um disparo.

Com o arco e a flecha conseguem abater até grandes animais, como onças, tamanduás e antas. As suas flechas são feitas de varas de bambu e medem de 30 a 40 centímetros de comprimento. A ponta é feita de uma madeira dura."

Viagem no interior do Brasil, de Johann Emanuel Pohl. Belo Horizonte: Itatiaia/São Paulo: Edusp, 1976. p. 154-5.

1. O documento descreve o modo como os Caiapó produziam fogo. Cite uma vantagem e uma desvantagem do método usado por eles.
2. Por que o autor do texto chama os Caiapó de "índios selvagens"?
3. De acordo com o documento, os Caiapó conseguiam matar uma onça com o arco e flecha. Produza um pequeno texto inventando uma história em que um indígena Caiapó caça uma onça.
4. Por que os Caiapó eram tão habilidosos com o arco e flecha?

A história de dois irmãos Caiapó mostra bem a difícil situação vivida pelos indígenas desse grupo.

O cacique Caiapó Ramecci, que se rendeu aos colonizadores mudando-se para o aldeamento de São José de Mossâmedes, tinha dois netos. As crianças haviam sido batizadas na religião católica e, por isso, tinham ganhado novos nomes: a menina passou a se chamar Damiana da Cunha e o menino, Manoel da Cunha. Os dois cresceram no aldeamento e aprenderam a língua e os costumes dos brancos, mas cada um fez uma escolha diferente na vida. Damiana ficou conhecida porque, a pedido dos governadores, entrava na selva para convencer os demais indígenas Caiapó a morar nos aldeamentos. Já Manoel fez o contrário: orientava os indígenas a abandonar o aldeamento e voltar para a selva. Por isso ele foi preso e morreu na cadeia da cidade de Goiás.

Damiana da Cunha tornou-se uma pessoa muito conhecida em Goiás e em todo o Brasil, ganhando diversas homenagens. Na cidade de Mossâmedes, há uma praça com seu nome, e na cidade de Goiás, uma rua chamada "Damiana da Cunha". Mesmo em centros mais distantes, ela foi homenageada. Em São Paulo, por exemplo, há uma rua no bairro de Santana também chamada "Damiana da Cunha".

KIM-IR-SEN/ACERVO DO FOTÓGRAFO

Praça Damiana da Cunha em Mossâmedes. Foto de 2011.

Mas chega de histórias tristes. Vamos conhecer agora os costumes dos Caiapó. Eles eram indígenas do grupo Jê, acostumados a viver no cerrado. Suas aldeias tinham o formato de círculo e, geralmente, localizavam-se perto de um pequeno córrego. Eles não dormiam em redes, como os Tupi, mas em jiraus ou numa esteira estendida no chão.

RENATO SOARES/ACERVO DO FOTÓGRAFO

RENATO SOARES/ACERVO DO FOTÓGRAFO

Os Caiapó produzem belos objetos feitos de plumas e de palha.

Quanto à aparência, faziam buracos no lábio inferior e na orelha, onde colocavam enfeites de madeira. Em ocasiões especiais, pintavam o corpo de vermelho ou de preto. A cor preta era muito importante numa guerra, pois limitava a visão dos inimigos durante a noite.

Os Caiapó viviam da caça, da coleta e da agricultura. Cultivavam principalmente milho, cará e batata.

Para se divertir, gostavam de jogos. Disputavam um tipo de corrida em que os competidores carregavam no ombro uma pesada tora de buriti. Quem chegasse primeiro era o campeão.

AUTORIA DESCONHECIDA/UNIVERSIDADE CATÓLICA DE GOIÁS

Assim como os Caiapó, os Carajá também se pintam em certas ocasiões. Na foto, dois jovens Carajá sendo pintados com jenipapo para participar de um ritual.

Como você viu, os Caiapó não brincavam na guerra. Manejavam muito bem o arco e flecha e usavam o tacape, um bastão de madeira com o formato de remo. Por causa da habilidade no manejo do tacape, os Caiapó ficaram conhecidos como "quebradores de crânios". Além do arco e flecha e do tacape, esses indígenas tinham outra arma poderosa – o fogo –, muito usada para incendiar as casas dos seus adversários.

Os indígenas Avá-Canoeiro

Os Avá-Canoeiro são indígenas do grupo Tupi que habitavam as regiões dos rios Tocantins e Araguaia. Extremamente resistentes ao colonizador, não aceitaram em nenhum momento a rendição. Eram conhecidos como "canoeiros" por causa da habilidade que tinham de manejar suas canoas. Foi somente a partir de 1970, quando a Funai – órgão do Governo Federal responsável pelas políticas indígenas – acrescentou o termo "Avá" ("povo"), que eles passaram a ser conhecidos como "Avá-Canoeiro".

A feroz resistência dos Avá-Canoeiro tornou-os temidos e odiados pelos colonizadores. Um historiador do século XIX escreveu o seguinte relato sobre eles:

> "Nação muito cruel, guerreira, e que não sabe fugir, resistindo até a morte. Nos combates, utilizam até as mulheres e cães bravos que trazem consigo."

SILVA E SOUZA, Luiz Antônio da. Memória sobre o descobrimento, governo e população e cousas mais notáveis da Capitania de Goiás. In: TELES, José Mendonça. (Org.). **Vida e obra de Silva e Souza**. Goiânia: Ed. da UFG, 1998. p. 71 e 139. Texto adaptado.

Observe que o historiador ficou impressionado com a coragem das mulheres indígenas, que, segundo ele, participavam ativamente dos combates contra os inimigos de seu povo. No entanto, as guerras constantes contra o colonizador fizeram com que a população desse grupo diminuísse rapidamente. Por isso, a partir do final do século XIX, esses indígenas passaram a procurar, cada vez mais, locais isolados e de difícil acesso para habitar, evitando os ataques dos brancos.

Mesmo no século XX, passado o período da colonização, os Avá-Canoeiro viviam se escondendo dos brancos. Às vezes, roubavam alimentos e faziam travessuras em fazendas – como deixar a porteira aberta –, ou assustavam os moradores com agudos assovios à noite. Por causa disso, eram odiados por muitos fazendeiros, que organizavam ataques contra as últimas aldeias desse povo, exterminando seus moradores e roubando suas terras.

Num desse ataques, na década de 1960, os fazendeiros mataram mais de 150 indígenas. Um pequeno grupo sobrevivente, incluindo uma mulher grávida, seu marido, sua irmã e um menino, conseguiu fugir para a mata. Durante mais de 10 anos, viveram em cavernas, alimentando-se de ratos, morcegos, pássaros e frutas, evitando qualquer contato com os brancos. Eram chamados de "o povo invisível".

O homem adulto morreu pouco tempo depois da fuga, atacado por uma onça. O grupo passou a ser liderado pelas mulheres, que conseguiram garantir a sobrevivência dos indígenas, em condições difíceis. Em 1983, pressionados pela fome, o restante do grupo fez contato com os moradores da região de Minaçu e passou a viver numa aldeia, sob a proteção da Funai, da qual é preciso obter uma autorização para visitá-los.

Nessa aldeia, os sobreviventes dos Avá-Canoeiro procuram manter seu estilo de vida, plantando arroz, milho, feijão e mandioca e caçando.

ANTÔNIO GAUDÉRIO/FOLHAPRESS

Avá-Canoeiro em Minaçu. Foto de 1995.

Explorando o documento

No século XIX, os Avá-Canoeiro ficaram conhecidos pela sua bravura e resistência aos colonizadores. A seguir, vamos ler um relato dessa época sobre esses indígenas. Esse relato foi escrito por Antônio Cândido da Cruz, presidente da província de Goiás no ano de 1854.

"Sabeis que a tribo feroz dos canoeiros é nômade e muito dividida e não parece possível ser civilizada. Eles têm uma tendência para a carnificina e para a rapina. E ninguém nunca ouviu falar que um canoeiro adulto adotasse os hábitos de homem civilizado."

Relatório de Antônio Cândido da Cruz (1854). **Memórias goianas 6**. Goiânia: Ed. da UCG, 1997. p. 133. Texto adaptado.

1. Por que os Avá-Canoeiro eram odiados pelos colonizadores?
2. Procure no dicionário o significado dos termos "carnificina" e "rapina". Na sua opinião, esses termos também poderiam ser aplicados aos colonizadores? Justifique.
3. Antônio Cândido da Cruz queria transformar os Avá-Canoeiro em pessoas "civilizadas", ou seja, parecidas com os colonizadores. Você concorda com isso? Por quê?

A riqueza da cultura indígena

Os indígenas foram responsáveis por valiosas contribuições para a cultura brasileira. Com eles, aprendemos a comer deliciosos e nutritivos alimentos, como milho, feijão, mandioca, abóbora, batata-doce, amendoim, e a utilizar fibras vegetais para fabricar cestos, esteiras e pulseiras.

O POPULAR/FUTURA PRESS

Mulheres Carajá confeccionando cestos em Goiás. Foto de 2011. Observe que uma das mulheres, mesmo trabalhando, está acalentando uma criança no colo. As mulheres indígenas são tradicionalmente muito ligadas a seus filhos.

Os estudiosos afirmam que os indígenas brasileiros ensinaram muitas coisas aos portugueses. Como os europeus não estavam acostumados ao meio ambiente das novas terras, o auxílio dos indígenas foi fundamental para que eles se adaptassem a andar grandes distâncias, construir ranchos e, até mesmo, modificar as formas de caça e pesca. Além disso, a utilização de muitos alimentos e de plantas medicinais e o hábito de tomar banho todos os dias foram contribuições valiosas dos indígenas à cultura brasileira.

Várias palavras do nosso vocabulário têm origem indígena. Em Goiás, além do nome do próprio estado, são indígenas os nomes dos seguintes municípios: Aruanã, Caçu, Iaciara, Iporá, Itapirapuã, Itumbiara, Itauçu, Jaraguá, Porangatu. Outros nomes bem conhecidos de origem indígena são: Uberaba ("água cristalina"), Umuarama ("lugar de pessoas amigas"), Itaú ("pedra preta"), abacaxi ("fruta cheirosa").

No entanto, os indígenas também aprenderam novas coisas com os colonizadores. Muitos deles aprenderam a língua portuguesa, passaram a usar roupas de tecido, adotaram a religião cristã e cultivaram novos alimentos, como o arroz.

WALTER SANCHES/ACERVO DO FOTÓGRAFO

O arroz, um alimento trazido a Goiás pelos colonizadores, foi adotado por muitos indígenas. Na foto, veem-se mulheres indígenas Carajá colhendo arroz no município de Aruanã.

História da minha cidade

Minaçu

Adaptado do **Atlas geográfico escolar**. Rio de Janeiro: IBGE, 2009. p. 180.

Minaçu está bem ao norte de Goiás, a 504 quilômetros de Goiânia. Comparado às cidades centenárias de Goiás, é um município bastante jovem, que se formou há pouco tempo. Na década de 1950, o lugar era ocupado por fazendeiros que criavam gado. Rico em amianto, mineral utilizado para fazer telhas e caixas-d'água, Minaçu atraiu, na década de 1960, uma grande empresa, que resolveu se instalar ali para explorar esse mineral. Assim, em 1965 começou a se formar um povoado que passou a chamar-se "Minaçu", palavra indígena que significa "mina grande". Um nome bem apropriado, já que a mina de amianto de Minaçu é uma das maiores do mundo. O povoado cresceu e, em 1976, foi oficialmente transformado em mais um dos municípios de Goiás.

Atualmente, a população de Minaçu ultrapassa os 30 mil habitantes. A economia do município é importante para Goiás em razão, principalmente, de duas grandes usinas hidrelétricas – Serra da Mesa e Cana Brava – e de uma grande indústria de extração de amianto. Minaçu ainda se destaca por grandes atrações turísticas, como o imenso Lago da Serra da Mesa e o Lago da Cana Brava. Neste último, foi construída uma praia artificial com boa infraestrutura que se tornou um grande atrativo para o turismo. Além dos lagos, o município possui belas cachoeiras de águas cristalinas e várias grutas.

JACEK/KINO.COM.BR

Praia do Sol, no Lago Cana Brava, em Minaçu. Foto de 2010.

Para saber mais...

ANTÔNIO GAUDÉRIO/FOLHAPRESS

Garotos da tribo indígena Avá-Canoeiro no Rio Tocantins em Minaçu.

Muitas vezes, quando perdemos a paciência com alguém, dizemos: "Vai tomar banho!". Mas você sabe a origem dessa expressão? Ela se originou do contato entre os indígenas e os colonizadores portugueses. Os indígenas brasileiros tinham o hábito de tomar banho diariamente e usavam, inclusive, folhas de árvores para limpar e lavar os bebês. Já os portugueses, naquela época, não tinham o hábito de se lavar nem de trocar as roupas com frequência. Por isso, quando os indígenas ficavam irritados com os portugueses, mandavam-nos "tomar banho".

Para registrar em sala de aula

1. Em cada época, as pessoas vivem de modo diferente. Reproduza no caderno a tabela abaixo e complete-a com as diferenças que, na sua opinião, existem entre você e uma criança indígena que vivia em Goiás no século XIX onde hoje é o estado de Goiás.

	Criança indígena	**Você**
Moradia	Como você imagina que era a moradia dessa criança? Descreva-a.	Descreva a sua casa.
Alimentação	Descreva os alimentos consumidos pelos indígenas.	Cite os principais alimentos consumidos por você.
Segurança	Aponte os perigos aos quais essa criança estava sujeita.	Aponte os principais perigos que existem no seu bairro.

2. Por que, na sua opinião, Damiana da Cunha ficou na memória coletiva dos goianos e seu irmão Manoel da Cunha acabou esquecido?

Vamos fazer uma pesquisa

Cada grupo indígena constitui uma nação com tradições e costumes próprios, mas isso não quer dizer que deixam de ser brasileiros. Dessa forma, todos os indígenas são cidadãos e têm seus direitos protegidos por lei. Consiga um exemplar da atual **Constituição Brasileira**, leia o capítulo VIII e retire os trechos que defendem:

a) o direito dos indígenas de ter a sua cultura própria;

b) o direito dos indígenas de ter sua própria terra.

Patrimônio histórico pelo mundo

A cidade de Machu Picchu, no Peru

Neste capítulo, você conheceu um pouco mais os indígenas que habitavam as terras do atual estado de Goiás. Pois saiba que, em todo o continente americano, havia muitos outros grupos indígenas, cada um com sua cultura. Quando os europeus chegaram ao continente americano, alguns desses grupos viviam em pequenas aldeias; outros, porém, habitavam cidades que formavam grandes impérios. É o caso dos incas. Exímios construtores, ergueram um enorme império no continente sul-americano, com pontes, estradas e várias cidades feitas de rochas. Uma das grandes construções dos incas foi a cidade de Machu Picchu, localizada no topo das altas montanhas dos Andes. Machu Picchu foi construída antes de 1500 e permaneceu praticamente isolada até se tornar mundialmente conhecida a partir de 1911. Patrimônio histórico da humanidade e uma das principais atrações turísticas do Peru, Machu Picchu foi considerada em 2007 uma das Sete Novas Maravilhas do Mundo.

MARIANA BAZO/REUTERS/LATINSTOCK

Machu Picchu recebe turistas de todo o mundo: cerca de mil pessoas visitam as ruínas diariamente. Foto de 2010.

Coisas da nossa terra

A música goiana

Marcelo Barra é um dos mais importantes cantores e compositores de Goiás. As letras de suas músicas divulgam a cultura e as tradições goianas. Entre as canções mais conhecidas desse artista, destacam-se "Saudade brejeira" e "Araguaia". Leia a seguir a letra de uma de suas músicas que trata da ação do homem sobre a natureza.

ARQUIVO PESSOAL/DIVULGAÇÃO

Cantor e compositor, Marcelo Barra faz da sua música um retrato da cultura goiana.

Por causa do bicho-homem

Onde estão os passarinhos?
Curumim me perguntou
Respondi: infelizmente
Esse tempo já passou

Não há bichos nas florestas
Não há brisa mais no ar
E não há mais matas virgens
Nem florestas mais não há

Os rios estão secando
E os peixes todos somem
Fauna e flora se acabando
Por causa do bicho-homem

Que perdeu o seu bom-senso
E destrói tudo que é vivo
Corta, queima, fere, mata
Mesmo sem haver motivo

Curumim ficou tão triste
Veio logo me dizer
Se está tudo destruído
Ninguém poderá viver

Disponível em:
<www.muitamusica.com.br/79115-marcelo-barra/1348418-por-causa-do-bicho-homem/letra/>.
Acesso em: 21 dez. 2010.

1. **Curumim** é uma palavra tupi que significa "criança indígena". Na música, por que o curumim está triste?
2. Na música, quem é o culpado pela destruição das florestas, dos rios e dos passarinhos?
3. Na sua opinião, por que o curumim disse a seguinte frase: "Se está tudo destruído, ninguém poderá viver"?
4. Você acha que o tempo dos passarinhos já passou? Seria possível convivermos com eles no mundo moderno? Discuta isso com seus colegas.

Capítulo 3

A exploração do ouro

Neste capítulo, vamos entender como e por que os europeus começaram a colonizar a região onde hoje é o estado de Goiás. Para isso, é preciso conhecer um pouco mais a cidade de Goiás. A 141 quilômetros de Goiânia e cercada pela belíssima Serra Dourada, essa cidade guarda os mais importantes monumentos históricos do estado, como a Casa de Câmara e Cadeia – um edifício grande, de dois andares, construído em 1761.

GOIÁS: LOCALIZAÇÃO DA CIDADE DE GOIÁS

MARIO YOSHIDA/ARQUIVO DA EDITORA

Adaptado do **Atlas geográfico escolar**. Rio de Janeiro: IBGE, 2009. p. 180.

FOTOS: PATRICK GROSNER/FOLHAPRESS

Casa de Câmara e Cadeia: na época da colonização, os vereadores e juízes trabalhavam no segundo andar; no primeiro, funcionava a cadeia, como demonstram as grades preservadas (no detalhe). Foto de 2008.

Atualmente, na cidade de Goiás, a Casa de Câmara e Cadeia tornou-se um bonito museu: o Museu das Bandeiras. Nele encontram-se muitos objetos utilizados na época da chegada dos colonos portugueses e paulistas ao atual estado de Goiás. Muitos outros prédios da cidade de Goiás que foram construídos nessa época estão, ainda hoje, preservados.

Mas, com tantos prédios antigos, nós nos perguntamos: por que os colonizadores, depois de tanto tempo estabelecidos no litoral, teriam se deslocado em direção ao interior? O que os teria atraído?

A partir de agora, vamos descobrir as respostas.

As bandeiras

Para conhecer a história da construção da cidade de Goiás e entender como aconteceu a colonização do atual estado de Goiás, é preciso estudar os motivos que levaram os europeus a se deslocarem em direção ao interior das terras que mais tarde ajudariam a constituir o Brasil.

Como nos contou um velho padre, espanhol de nascimento e goiano de coração, chamado Luis, o principal motivo desse movimento foram as chamadas **bandeiras**, que, a partir do século XVII, avançaram Brasil adentro. Mas o que foram as bandeiras?

Por muito tempo, após a chegada dos portugueses às terras que atualmente formam o Brasil, somente a região próxima ao mar era explorada. O interesse por apenas essa região tinha uma justificativa: a principal riqueza da época, a cana-de-açúcar, era plantada ali, principalmente no litoral do nordeste brasileiro. O açúcar produzido abastecia toda a Europa, sendo, portanto, muito lucrativo.

HENRY KOSTER/COLEÇÃO PARTICULAR

Um engenho de açúcar no Brasil, de Henry Koster, 1816. O trabalho escravo movimentava os centros produtores de açúcar durante os primeiros séculos da colonização.

No entanto, depois de muitos anos da chegada dos portugueses, o interior do Brasil começou a despertar o interesse dos colonizadores, que passaram a organizar grupos de homens armados para explorar aquelas terras desconhecidas e, se possível, escravizar os indígenas para fazê-los trabalhar nas fazendas. Essas expedições foram chamadas de bandeiras e seus integrantes, de bandeirantes. Partiam principalmente de São Paulo e tinham esse nome porque o grupo levava consigo uma bandeira com o símbolo do reino de Portugal.

Embora o principal objetivo das bandeiras fosse a captura dos indígenas, os bandeirantes alegavam que as expedições pretendiam apenas combater os indígenas ferozes e convertê-los ao cristianismo, numa operação que eles chamavam de "guerra justa".

A mais importante bandeira a entrar no atual território de Goiás foi chefiada por Bartolomeu Bueno da Silva, também conhecido pelo apelido de Anhanguera. Mas não pense que essas expedições têm alguma semelhança com as viagens que fazemos atualmente. As bandeiras eram extremamente perigosas. Muitas pessoas morriam no caminho ou acabavam desistindo da empreitada.

A bandeira do Anhanguera, por exemplo, saiu de São Paulo em 1722 e só retornou três anos depois, em 1725. Imagine ficar três anos no meio do mato, sem nenhum conforto e enfrentando uma série de perigos! Conta-se que, na expedição comandada por Anhanguera, os bandeirantes chegaram a comer um dos cavalos que tinham para não morrer de fome.

Monumento ao bandeirante Bartolomeu Bueno da Silva, em Goiânia. Foto de 2009.

Apesar de todas as dificuldades, os bandeirantes não desistiram. A captura dos indígenas também oferecia lucro. Afinal, depois de escravizados, eram vendidos aos fazendeiros. No entanto, o que os bandeirantes não sabiam é que um negócio ainda mais lucrativo estava mais perto do que eles podiam imaginar: ouro, muito ouro. Foi durante as bandeiras que os exploradores descobriram que havia uma enorme quantidade desse valioso metal nas terras do atual estado de Goiás. Isso tornaria a região cada vez mais conhecida, atraindo inúmeras pessoas.

Explorando os documentos

Vamos, agora, conhecer dois importantes documentos históricos sobre uma bandeira do século XVIII.

Documento 1 – Regimento da bandeira do Anhanguera

Um regimento era uma espécie de regulamento que dizia o que os participantes de uma bandeira deveriam ou não fazer. Ele nos permite saber, por exemplo, como os indígenas deveriam ser tratados caso resistissem à chegada dos bandeirantes. O documento abaixo é uma passagem do Regimento da bandeira de Bartolomeu Bueno.

"(...) Se acaso suceder que alguma nação dos ditos índios não queira aceitar a paz que se lhes oferece e impedir com armas que a tropa faça suas marchas, pondo-se em peleja, em tal caso lhe fará guerra, matando-os e cativando-os."

Regimento da bandeira do Anhanguera. **História de Goiás em documentos**, vol. 1. Goiânia: Ed. da UFG, 2001. p. 25.

JEAN-BAPTISTE DEBRET/COLEÇÃO PARTICULAR

Soldados índios de Curitiba escoltando selvagens, litografia colorida à mão de Jean-Baptiste Debret, 1834-1839. A imagem mostra uma família de indígenas sendo capturada pelos bandeirantes.

Faça as atividades seguintes no caderno.

1. Que armas você acha que os indígenas possuíam? E os bandeirantes?
2. O documento diz que os bandeirantes tinham permissão para matar e escravizar os indígenas caso eles não aceitassem a paz que os bandeirantes estavam oferecendo. Que tipo de paz você imagina que era essa?
3. A escravização de indígenas foi uma prática comum no período colonial. Qual é a sua opinião sobre isso?

Documento 2 – Relato do alferes José Peixoto da Silva Braga

Esse documento foi escrito por um integrante da bandeira do Anhanguera e narra as aventuras, os perigos e as dificuldades dessa expedição, que saiu de São Paulo em 1722.

"Andamos cento e tantas léguas nessa direção, com muito pouca comida encontrada no mato. Nesse dia fugiram um total de oito índios, que falaram que estávamos perdidos, porque as minas dos Goyases já tinham ficado para trás. Depois de alguns dias conseguimos recuperar apenas três deles, que foram presos por João Leite, juntamente com dois negros e outros quatro bandeirantes. Além disso, trouxe de volta também o Frei Antônio, que deixou sua roça sendo cuidada por um sobrinho e os seus escravos. Nessa ocasião encontramos uma grande chapada que não tinha nada para comer, a não ser alguns peixes dourados, traíras e upiabas nos córregos. Achamos também alguns palmitos dos que chamam jaguaroba, que comíamos assados e, ainda que fosse amargoso, é muito forte."

Relato do alferes José Peixoto da Silva Braga. **História de Goiás em documentos**. Goiânia: Ed. da UFG, 2001. v. 1. p. 28. Texto adaptado.

1. Os integrantes da bandeira do Anhanguera passaram três anos andando pelo interior do atual território brasileiro. Pelo que se percebe da leitura do documento, como eles conseguiam alimentos para sustentar essa aventura?
2. A bandeira do Anhanguera era composta de colonos paulistas e portugueses. Entre os últimos, havia um frei. Mas a bandeira contava também com outras pessoas. Você sabe dizer quem são?
3. Pela leitura do documento, você acha que os participantes da bandeira sabiam para onde estavam indo? Justifique sua resposta.
4. Com o auxílio de seus pais e avós, descreva como são os peixes que o alferes Braga chama de traíra, de upiaba e de dourado.
5. Como, atualmente, chamamos o palmito ao qual o alferes Braga dá o nome de **jaguaroba**?

RICARDO GIROTTO/ARQUIVO DA EDITORA

Para registrar em sala de aula

1 O mapa ao lado mostra o território onde hoje é o Brasil. As setas indicam os caminhos percorridos pelas principais bandeiras, entre os séculos XVII e XVIII. Observe-o com atenção e responda às questões no caderno.

PRINCIPAIS BANDEIRAS A ENTRAREM NO SERTÃO (SÉCULOS XVII E XVIII)

MARIO YOSHIDA/ARQUIVO DA EDITORA

Adaptado do **Atlas histórico escolar**, de Manoel Maurício de Albuquerque. Rio de Janeiro: Fename, 1996. p. 24.

a) O que eram as bandeiras e o que elas procuravam?

b) De acordo com o mapa, de que lugar essas bandeiras costumavam sair?

c) No mapa está representada uma linha, chamada linha de Tordesilhas, que dividia o atual território brasileiro em duas partes. Com seus colegas, pesquise o significado dessa linha.

d) Explique o significado histórico do nome do Museu das Bandeiras, que você viu na abertura deste capítulo.

2 Embora as bandeiras e os bandeirantes tenham sido homenageados ao longo da história pelo mérito de avançar rumo ao interior das terras que ajudariam a constituir o Brasil e ocupá-las, o que se pode dizer sobre a forma como isso foi feito? Qual é sua opinião sobre isso?

A exploração do ouro em Goiás

Com a descoberta do ouro em Goiás, milhares de pessoas foram atraídas para a região, levando com elas vários escravizados para trabalhar nas minas. Os portugueses, muito satisfeitos com a descoberta do metal, transformaram a região em capitania de Goiás e, a partir de 1749, passaram a enviar diversos funcionários para administrar o local e explorar melhor o ouro.

O cargo mais importante era o de governador, também conhecido como capitão-geral, que aplicava as leis e chefiava a tropa militar. A função principal do governador consistia em fazer o ouro retirado das minas chegar às Casas de Fundição, onde era derretido e transformado em barras, com o brasão da Coroa portuguesa. Ao ser transformado em barras, a Casa de Fundição cobrava o imposto do governo. Esse imposto tinha um valor fixo: a quinta parte de tudo o que havia sido produzido. Daí veio o seu nome: quinto.

MUSEU DO BANCO DE PORTUGAL, LISBOA

Barras de ouro quintado. A inscrição informa a data em que elas foram produzidas e o lugar de origem. Era assim que se fazia no século XVIII.

Para saber mais...

No período colonial não existia um exército da forma como se vê atualmente. Existia, sim, um pequeno grupo de soldados, o Regimento dos Dragões, formado por profissionais de cavalaria. Havia ainda a Companhia de Pedestres, encarregada da vigilância e proteção nas ruas. Em muitos casos, entretanto, as pessoas mais ricas da capitania de Goiás tinham o próprio grupo de homens armados, encarregados da proteção pessoal de seu senhor.

DANISIO SILVA/TEMPO EDITORIAL

Com este uniforme, os soldados do período colonial eram encarregados da segurança oficial de Goiás no século XVIII.

O auge e o declínio da atividade mineradora

O ouro podia ser encontrado em morros ou no leito de rios e córregos. No período colonial, a localização do metal determinava o modo como se devia explorá-lo. Os morros eram perfurados, abrindo-se túneis, até chegar ao metal. Nos rios e córregos, retirava-se o cascalho, que era lavado com uma bateia para, só assim, extrair o ouro. Esse método ficou conhecido como mineração de cascalho – o mais usado em Goiás.

GLADSTONE CAMPOS/ARQUIVO DA EDITORA

A bateia é uma espécie de bacia utilizada para separar o ouro do cascalho.

Até metade do século XVIII, quando a mineração em Goiás começou a entrar em decadência, muito ouro foi retirado dos leitos dos rios. Os cálculos não são precisos, visto que grande quantidade de ouro era contrabandeada para que não se pagasse o quinto. Mas, ao que tudo indica, entre 1727 e 1822, foram extraídas de Goiás em torno de 120 toneladas do metal! É muito ouro, não é mesmo? Para ter ideia do que significa isso, basta imaginar 40 elefantes juntos na balança!

RICARDO GIROTTO/ARQUIVO DA EDITORA

Entretanto, a retirada de ouro do leito dos rios começou a ficar muito trabalhosa e pouco rentável para os mineradores; afinal, eles não tinham nenhum tipo de técnica muito eficaz para ajudar na extração. Além disso, as minas estavam se esgotando, e o trabalho dos escravizados ficava cada vez mais caro. Como se não bastasse, a administração colonial também não ajudava: era cada vez mais rigorosa com a cobrança dos impostos e culpava os próprios mineradores pela falta do ouro!

Com isso, a exploração do ouro tornou-se inviável, levando a principal atividade econômica da capitania de Goiás praticamente ao fim por volta do ano de 1820.

Para saber mais...

Você já ouviu alguém usar a expressão "santo do pau oco"? Atualmente, usamos essa frase para dizer que alguém não é o que parece ser. Mas essa expressão surgiu há muito tempo e tem relação direta com o período em que foi descoberto o ouro em Goiás.

Ao "quintar" o ouro, o minerador perdia grande quantidade dele, pois tinha que pagar o imposto. Então, muitos optavam por não levar o ouro para a Casa de Fundição, explorando-o e vendendo-o sem pagar o quinto. Isso é conhecido como contrabando. Durante o período colonial, uma maneira muito utilizada de contrabandear o ouro era colocá-lo dentro de imagens de santos, para que ninguém desconfiasse, usando a peça religiosa para cometer um crime. Foi por isso que surgiu a expressão "santo do pau oco"!

HENRY YU/ACERVO DO FOTÓGRAFO

O ouro era escondido em cavidades feitas na estátua exatamente para esse fim.

Vamos fazer uma pesquisa

No século XVIII, o quinto era o imposto cobrado pelo governo de Portugal. E atualmente, como é a cobrança de impostos?

1. Pesquise três tipos de impostos cobrados pelo Governo Federal ou do seu estado.
2. Descubra de que forma o dinheiro desse impostos é revertido para a população brasileira.
3. Faça uma pesquisa para descobrir se existe contrabando de mercadorias em seu estado e quais são os principais produtos contrabandeados.
4. Com seus colegas, elaborem um grande mural sobre a necessidade do pagamento de impostos, chamando a atenção da sua escola para a importância de não comprar produtos contrabandeados.

A exploração do ouro e a cidade de Goiás

A exploração do ouro praticamente acabou no início do século XIX, mas ela foi muito importante para o surgimento da cidade de Goiás. Os bandeirantes colonizadores, procurando explorar o ouro, fundaram vários pequenos povoados na região do Rio Vermelho. Um desses pequenos povoados recebeu o nome de Santana, em homenagem a Santa Ana, uma das santas católicas. Em 1739, o povoado foi elevado à categoria de vila, passando a se chamar Vila Boa de Goiás. O nome "boa" originou-se de "Bueno", sobrenome de Bartolomeu Bueno, o Anhanguera, bandeirante que iniciou a colonização de Goiás. Apenas em 1818, a Vila Boa de Goiás passou a se chamar "cidade de Goiás".

Para saber mais...

No período colonial, os pequenos povoados eram chamados de arraiais ou aldeias. Quando um povoado transformava-se numa vila, tinha direito de formar uma câmara de vereadores, receber um juiz e construir um pelourinho na praça principal. Foi isso o que aconteceu com o povoado de Santana. Ao ser elevado à categoria de vila, passando a se chamar Vila Boa de Goiás, logo ganhou sua Casa de Câmara.

Naquela época, os vereadores e juízes trabalhavam no segundo andar e, no primeiro, funcionava a cadeia, para onde iam os considerados criminosos. Na frente do edifício ficava o Pelourinho – uma coluna feita, geralmente, com o tronco de uma árvore bem grossa, onde criminosos e escravos rebeldes eram amarrados e chicoteados como forma de punição por seus delitos. É claro que esse tipo de punição não ocorre mais no Brasil, mas no século XVIII isso era muito comum. Todas as principais cidades daquela época tinham um pelourinho. O pelourinho de Salvador, um dos mais famosos do Brasil, não existe mais. O lugar em que ele ficava é conhecido hoje como Largo do Pelourinho e virou atração turística.

SERGIO PEDREIRA/FOLHAPRESS

Vista geral do centro histórico do Pelourinho, tombado pela Unesco. Foto de 2009.

Graças ao ouro, foram erguidas as principais construções históricas da cidade de Goiás. Nos primeiros cinquenta anos da mineração, ergueram-se várias igrejas, como a Matriz de Santana, a Igreja da Boa Morte, a Igreja de Santa Bárbara, o edifício da Casa de Câmara e Cadeia, o Chafariz, o Quartel e o Palácio Conde dos Arcos. Além disso, várias ruas foram calçadas com pedras.

SERGIO LIMA/FOLHAPRESS

Igreja da Boa Morte, na cidade de Goiás: as igrejas do século XVIII eram usadas para o culto religioso e o sepultamento das pessoas. Foto de 2010.

DIOMICIO GOMES/O POPULAR/FUTURA PRESS

Rua calçada com pedras na cidade de Goiás. Foto de 2010.

PATRICK GROSNER/FOLHAPRESS

O Palácio Conde dos Arcos, construído em 1751, foi a primeira sede dos governadores da província. Foto de 2008.

História da minha cidade

Aruanã

Você já foi ao Araguaia? Não? Então não sabe o que está perdendo! No mês de julho, as águas do rio baixam e formam-se belíssimas praias, que atraem turistas de todo o Brasil.

Adaptado do **Atlas geográfico escolar**. Rio de Janeiro: IBGE, 2009. p. 180.

Não é de hoje que as pessoas ficam encantadas com as belezas do Rio Araguaia. Desde o século XIX, viajantes e governadores expressam sua admiração por esse rio e sua importância econômica para Goiás. Foi nas margens desse belo rio que nasceu o município de Aruanã. No local onde atualmente está localizado, havia antes um presídio militar, construído em 1849. Alguns anos depois, ele foi destruído pelos indígenas Carajá, que não queriam a presença branca na região. O presídio, transferido para outro local, próximo ao Lago dos Tigres, acabou dando origem a outro município atual, Britânia. Um ano depois, porém, o presídio voltou ao seu local original e ali permaneceu, incentivando o povoamento da região. Apenas em 1958, Aruanã foi reconhecido como município e recebeu esse nome em menção à cultura Carajá e a um importante peixe de mesmo nome que vive nas margens do Rio Araguaia.

O município de Aruanã, situado às margens do Rio Araguaia, atrai milhares de turistas nos meses da seca. Foto de 2010.

Patrimônio histórico pelo mundo

Centro Histórico de Angra do Heroísmo, em Açores

O Centro Histórico de Angra do Heroísmo, em Açores, arquipélago que pertence a Portugal, era passagem obrigatória para os navios que, no século XVI, tinham como destino o Brasil. Repare como ele se parece com o centro histórico da cidade de Goiás!

ROBERT HARDING PICTURE LIBRARY/ALAMY/OTHER IMAGES

Centro Histórico de Angra do Heroísmo, em Açores. Foto de 2008.

Para saber mais...

A Organização das Nações Unidas (ONU) é uma associação de países criada em 1945 cujo principal objetivo é manter a paz mundial e aumentar a cooperação entre as diversas nações do mundo. A Unesco (Organização das Nações Unidas para Educação e Cultura) é um órgão da ONU responsável por eleger os lugares que devem receber o título de Patrimônio Cultural ou de Patrimônio Natural da Humanidade. No Brasil, diversas cidades já receberam um título da Unesco, por exemplo, Brasília e Ouro Preto. Em 2001, foi a vez da cidade de Goiás, que recebeu o título de Patrimônio Cultural da Humanidade por ser uma cidade muito antiga, com vários monumentos históricos. Esse título é muito importante: significa que o patrimônio cultural da cidade de Goiás deve ser preservado para o bem da humanidade!

SERGIO LIMA/FOLHAPRESS

Igreja do Rosário em Goiás. Foto de 2010.

Vamos fazer uma pesquisa

Como você viu, a mineração contribuiu para a ocupação do atual território do estado de Goiás. No entanto, a mineração é ainda hoje uma atividade econômica que se desenvolve. Com seus colegas e com a ajuda do professor:

1. pesquise os principais locais de mineração em Goiás atualmente;
2. descubra quais são os minérios mais extraídos do subsolo goiano.

Coisas da nossa terra

O período da mineração em Goiás até hoje chama a atenção das pessoas. O artista plástico D. J. Oliveira (1932-2005) representou esse período, contribuindo de maneira singular para o desenvolvimento das artes plásticas no estado. D. J. Oliveira nasceu em Bragança Paulista (SP), mas fez carreira como pintor em Goiás. Uma de suas últimas obras chama-se **Garimpeiros**.

KIM-IR-SEN/ACERVO DO FOTÓGRAFO

O painel **Garimpeiros** pode ser visto no *lobby* de um hotel em Goiânia. Foto de 2011.

ACERVO DO ARTISTA/ARQUIVO DA EDITORA

D. J. Oliveira, um dos mais importantes artistas plásticos que viveu em Goiás.

Faça as seguintes atividades no caderno.

1. No mural, D. J. Oliveira desenhou o trabalho de mineração no leito dos rios. Como era chamado esse tipo de mineração?
2. Os trabalhadores estão usando um tipo de instrumento para extrair o ouro do rio. Qual o nome desse instrumento?
3. No período colonial, os mineiros tinham a obrigação de pagar um imposto, o quinto, sobre todo o ouro que extraíam. Se, em Goiás, extraíram-se 120 mil quilogramas de ouro, quanto desse total foi destinado ao pagamento do imposto?
4. Observando o desenho, descreva as dificuldades que os mineradores enfrentavam na exploração do ouro.
5. Com base no que foi estudado ao longo deste capítulo, faça um desenho que represente algo relacionado ao período da mineração em Goiás.

Capítulo 4

A escravidão e a resistência negra em Goiás

Como vimos no início deste livro, quando falamos em patrimônio, não estamos nos referindo apenas a monumentos ou coisas antigas. Estamos nos referindo também a costumes, tradições e modos de vida relacionados à herança cultural de uma comunidade.

No município de Cavalcante, no norte de Goiás, está localizada uma pequena comunidade que expressa muito bem essa segunda forma de pensar a palavra patrimônio. É a comunidade dos Kalunga – a maior comunidade de negros quilombolas do Brasil, ou seja, de descendentes diretos dos africanos que fugiram da escravidão e escolheram o local como refúgio.

Na primeira vez em que visitamos os Kalunga, fomos logo nos perguntando: como os africanos escravizados vieram parar em Goiás? O que são quilombos? Como era a vida de um africano escravizado?

Como nos explicou a nossa guia, uma senhora chamada Gilka, todas essas perguntas só podem ser respondidas corretamente quando se conhece um pouco a história da escravidão africana em Goiás. Vamos conhecê-la?

KIM-IR-SEN/ACERVO DO FOTÓGRAFO

Mulher Kalunga tecendo tapete com tiras de tecido, na localidade conhecida como Vão das Almas. Foto de 2004.

A escravidão africana em Goiás

Quando os portugueses colonizaram o Brasil, optaram por usar africanos escravizados como mão de obra – o que, aliás, eles já faziam em outras colônias. Desse modo, o comércio de seres humanos se intensificou: os africanos eram caçados na África, aprisionados e depois vendidos para vários lugares do continente americano, como Brasil, Cuba, Haiti e Estados Unidos.

A viagem da África ao Brasil acontecia nos chamados "navios negreiros". Homens, mulheres e crianças eram amontoados nos porões dos navios e acorrentados. Viajavam em condições tão desumanas que, às vezes, muitos deles morriam durante a viagem. Por isso, os navios negreiros eram conhecidos como "tumbeiros": verdadeiros caixões ambulantes navegando pelo Atlântico. Ao chegar ao Brasil, os africanos eram vendidos nos mercados e transportados para vários lugares da colônia.

JOHANN MORITZ RUGENDAS/COLEÇÃO PARTICULAR

Navio negreiro, litografia colorida à mão de Johann Moritz Rugendas, 1835. O pintor alemão esteve no Brasil entre 1822 e 1825 e produziu muitos quadros sobre a sociedade brasileira. Nesta obra, ele retrata o porão de um navio negreiro.

Os africanos escravizados trabalharam nas fazendas, nos engenhos de açúcar, nas minas de ouro e nas cidades. Geralmente, as mulheres e as crianças executavam serviços domésticos, e os homens adultos, os serviços mais pesados. Ser cativo significava ser propriedade de alguém, não ter qualquer liberdade. Uma criança escravizada, por exemplo, geralmente era obrigada a trabalhar, não estudava e podia ser castigada ou vendida pelo seu dono.

JEAN-BAPTISTE DEBRET/MUSEUS CASTRO MAYA - IPHAN/MINC

Mercado da Rua Valongo, litografia colorida à mão de Jean-Baptiste Debret, 1822. O pintor retratou aspectos da escravidão africana no Brasil. Neste quadro, ele mostra um mercado em que se vendiam africanos escravizados no Rio de Janeiro. Observe a presença de crianças na gravura.

Para saber mais...

Apesar da denominação geral de "negros", os grupos de africanos escravizados que chegaram a Goiás tinham origens bem diferentes. Pelas poucas fontes disponíveis, sabe-se que predominavam os sudaneses e os bantos. Para chegar a Goiás, saíam do Rio de Janeiro, Maranhão e Pará e atravessavam o sertão da Bahia.

PRINCIPAIS REGIÕES DE ONDE VIERAM OS POVOS AFRICANOS PARA O BRASIL

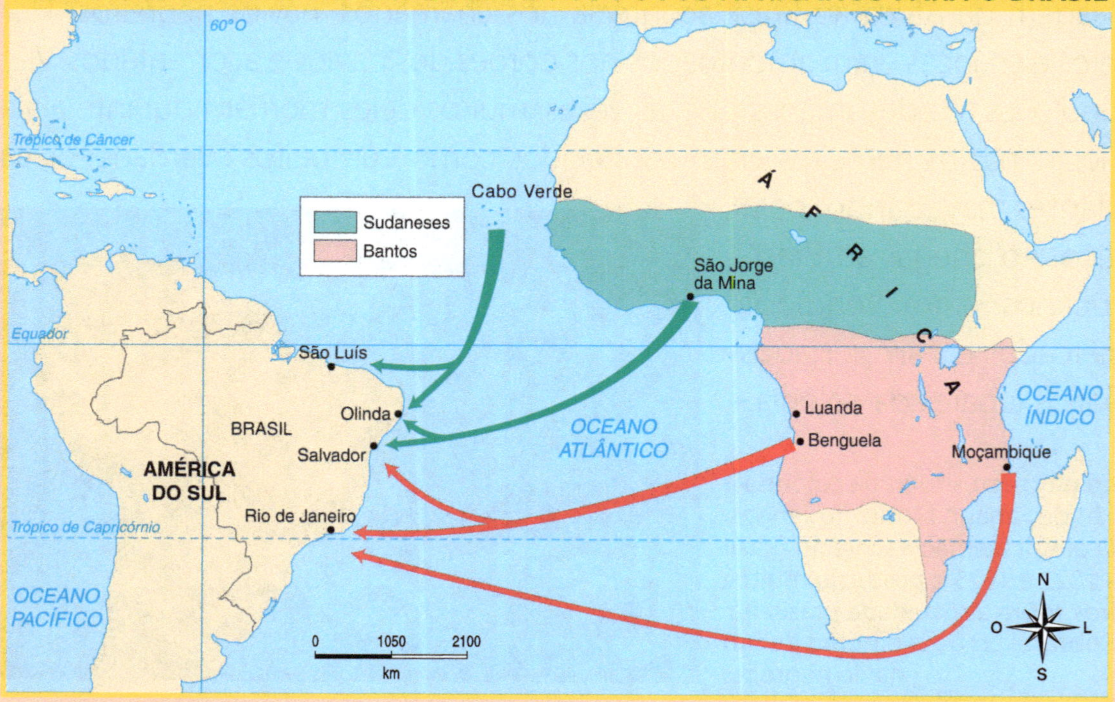

MARIO YOSHIDA/ARQUIVO DA EDITORA

Adaptado de: **Atlas História do Brasil**, de Flávio de Campos e Miriam Dolhnikoff. São Paulo: Scipione, 2000. p. 9.

Com a descoberta de ouro em Goiás, os portugueses deslocaram um enorme número de africanos escravizados para trabalhar nas minas. O trabalho era difícil: o escravizado ficava encurvado, com os pés dentro da água, as costas ao sol, separando o ouro do cascalho, sem poder descansar. Alimentava-se pouco e de forma precária: basicamente milho e farinha. Diziam, na época, que um escravizado aguentava, em média, apenas 12 anos trabalhando nas minas.

JOHANN MORITZ RUGENDAS/COLEÇÃO PARTICULAR

Lavagem de ouro, litografia a partir de desenho original de Johann Moritz Rugendas, 1835. Esta gravura ilustra bem como era a atividade de extração de ouro nas minas por meio do trabalho escravo.

No entanto, alguns poucos senhores permitiam que os escravizados que se dispusessem a trabalhar no domingo – único dia de descanso – ficassem com o ouro encontrado. Com isso, alguns conseguiam acumular ouro suficiente para comprar a própria liberdade. Porém, isso era bem raro: a maioria morria escravizada nas minas.

Com o esgotamento das minas de ouro, o trabalho escravo passou a ser utilizado principalmente nas fazendas, no cultivo das terras e na criação do gado. Nas fazendas, a situação era um pouco melhor, por exemplo, na alimentação: consumiam-se feijão, farinha, toucinho, carne-seca, milho e arroz, carne de animais nativos, peixe e frutos do cerrado.

No entanto, fosse nas minas, fosse nas fazendas ou nas residências, o escravizado era explorado ao máximo. Praticamente todas as grandes obras do século XVIII foram feitas à custa do suor deles, como as igrejas com suas grossas paredes, o calçamento das ruas e os enormes muros de pedra. Com tanto trabalho duro, a maioria dos escravizados morria muito jovem e, quando raramente chegavam à velhice, quase sempre muito doentes, eram libertados pelos senhores para não precisar alimentá-los.

ACERVO DO AUTOR/ARQUIVO DA EDITORA

KIM-IR-SEN/ACERVO DO FOTÓGRAFO

Muros e calçadas de pedra na cidade de Goiás: a força dos escravizados, carregando pesadas pedras, construiu os muros e calçou as ruas da cidade de Goiás. Fotos de 2009.

Explorando o documento

O documento que você vai ler agora foi escrito em 1824 por um militar português chamado Raymundo Cunha Mattos, que assumiu o cargo de comandante militar de Goiás entre 1823 e 1826. Durante esse período, escreveu um livro sobre a sociedade goiana da época. No trecho a seguir, ele escreve sobre os escravizados que viu em Meia Ponte (atual Pirenópolis).

"Nesta cidade e nos arraiais, há muitos mendigos, quase todos escravos libertos por seus senhores quando já de nada lhes serviam: uma polícia rigorosa deveria acabar com essa desgraça, ingratidão e falta de reconhecimento com os escravos que trabalharam durante muitos anos e são jogados da porta para fora."

Corografia histórica da província de Goiás, de Raimundo José da Cunha Mattos. Goiânia: Sudeco, 1979. p. 23.

Faça as seguintes atividades no caderno.

1. Segundo o documento, por que havia muitos mendigos em Meia Ponte em 1824?
2. Por que os senhores libertavam os escravizados velhos e doentes?
3. Na sua opinião, qual teria sido a melhor solução para evitar que os ex-cativos tivessem se tornado mendigos?

Vamos fazer uma pesquisa

Atualmente, o trabalhador brasileiro idoso tem direito a se aposentar, recebendo um salário. Entreviste uma pessoa que se aposentou por idade e responda às seguintes questões:

1. Com que idade essa pessoa se aposentou?
2. Quantos anos ela trabalhou antes de se aposentar?
3. O salário que essa pessoa recebe é suficiente para pagar as despesas?

Os escravizados eram uma mercadoria cara. Em Goiás, distante do litoral, um cativo do sexo masculino, em boas condições de trabalho, chegava a custar 200 mil réis (réis era a moeda vigente). Na época, isso dava para comprar 40 cabeças de gado. Assim, dez escravizados adultos equivaliam a um rebanho de 400 cabeças de gado. Caro, não é? Diante desse alto valor, as pessoas compravam o escravizado a crédito e iam pagando as prestações com o trabalho desse escravizado. Se ele morria ou fugia, o dono tinha um grande prejuízo.

Portanto, a posse de escravizados era sinal de riqueza e poder. Quando os proprietários iam a lugares públicos, como a missa e o teatro, faziam questão de levar sua comitiva de cativos com eles. Por isso, o cativo era a mercadoria mais cobiçada da época: todo mundo queria ter pelo menos um.

No entanto, não se pode pensar que todos os africanos da época foram escravizados. Muitos compravam a própria liberdade. Havia até casos de africanos donos de outros africanos escravizados!

A resistência dos africanos

Os africanos escravizados eram obrigados a trabalhar sob a ameaça de severos castigos. A tortura e a agressão não tinham limites: açoites, palmatória, correntes, tronco, ferro em brasa, corte com navalhas e muitos outros castigos. O feitor era, geralmente, o encarregado de castigar o escravizado.

JEAN-BAPTISTE DEBRET/MUSEUS CASTRO MAYA - IPHAN/MINC

Castigo de escravo, de Jean-Baptiste Debret, 1834-1839.

MUSEU HISTÓRICO NACIONAL, RIO DE JANEIRO

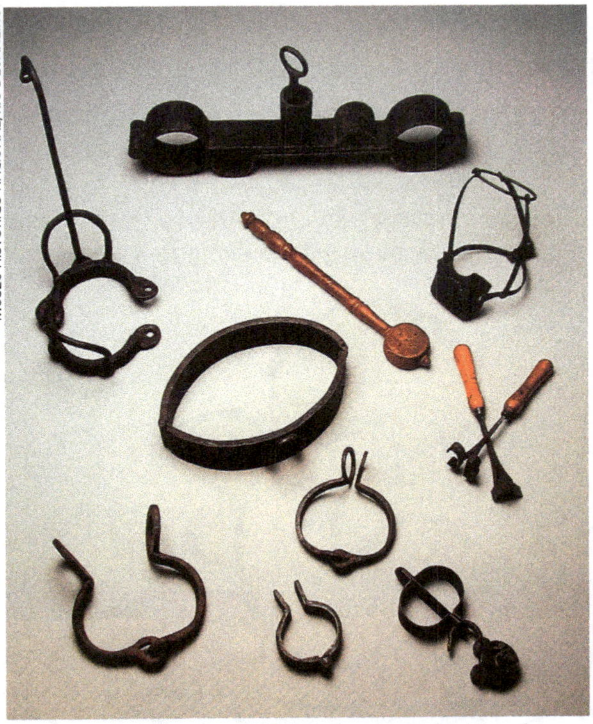

Estes estranhos instrumentos eram utilizados para prender, marcar e torturar os africanos escravizados. Peças do acervo do Museu Histórico Nacional, Rio de Janeiro.

Quando os africanos escravizados fugiam, o capitão do mato os perseguia em troca de uma recompensa. A recompensa era boa: numa só captura, o capitão chegava a ganhar 40 mil réis – equivalente a oito cabeças de gado.

Capitão do mato, de Johann Moritz Rugendas, 1823.

JOHANN MORITZ RUGENDAS/COLEÇÃO PARTICULAR

No entanto, nem sempre os africanos escravizados aceitavam essa situação calados. Havia muitas formas de resistência: o suicídio, o assassinato de seus senhores e a fuga eram as mais comuns.

Explorando o documento

O documento a seguir é de 1846. Naquela época, Goiás era uma província do Império Brasileiro, administrada por um "presidente de província". Todos os anos, esse presidente tinha como tarefa escrever um relatório sobre os principais fatos ocorridos no seu governo e apresentá-lo aos deputados da Assembleia Legislativa de Goiás. Esses relatórios têm muitas informações interessantes sobre o passado de Goiás.

O texto abaixo faz parte do relatório escrito por Joaquim Ignácio Ramalho, presidente da província de Goiás, e mostra uma das formas de reação dos africanos à escravidão: assassinar seus senhores. No entanto, não se deve ter uma ideia equivocada sobre o assunto. Raramente os senhores eram assassinados pelos escravizados. Na maioria das vezes, estes eram as vítimas. Vamos ler o documento.

"O fato mais notável praticado contra a segurança individual foi o assassinato cometido na pessoa de D. Victoria de Souza e Oliveira da Vila de Pilar, por seu escravo de nome Adão; porém, foram tão prontas e enérgicas as providências da polícia e do Poder Judiciário, que, dentro de quatro meses, foi o delinquente preso, processado e executado, observando-se em tudo as fórmulas legais."

Relatório que a Assembleia Legislativa de Goyaz apresentou na Sessão Ordinária de 1846 o Exm. Presidente da mesma Província Doutor Joaquim Ignácio Ramalho. *Memórias Goianas 4*, 1996: 66.

RICARDO GIROTTO/ARQUIVO DA EDITORA

Faça as seguintes atividades no caderno.

1. Quem escreveu o documento?
2. A quem se dirige o documento?
3. Percebe-se, na forma como o autor relata o caso, uma preocupação em tranquilizar os donos de escravizados? Justifique.
4. Observe a forma como os nomes da vítima e do assassino são apresentados. Percebe-se algum preconceito contra os escravizados? Justifique.

Vamos fazer uma pesquisa

No documento que você acabou de ler, o escravizado Adão foi executado, segundo o relatório, "observando-se em tudo as fórmulas legais", ou seja, de acordo com as leis da época. Atualmente, a lei maior de nosso país é a **Constituição Federal**. Leia o Capítulo I – Dos Direitos e Deveres Individuais e Coletivos da atual Constituição Federal e descubra:

1. As leis brasileiras permitem a aplicação de pena de morte?
2. Quais penalidades podem ser aplicadas?

Às vezes, os africanos escravizados, diante de tanto sofrimento e de uma vida sem perspectiva, preferiam morrer. Um caso dramático de suicídio aconteceu em Cavalcante, por volta do ano de 1876. Um africano escravizado conhecido como "Crioulo Joaquim" estava preso havia mais de dois meses. Quando soube que havia sido vendido para um novo senhor e que teria de se mudar para bem longe das pessoas que conhecia, não teve dúvidas: pegou um canivete e cortou o próprio abdômen, morrendo sete dias depois por causa dos ferimentos.

Outra forma de resistência muito frequente eram as fugas. Diante dos maus-tratos ou da recusa em continuar como escravizado, muitos africanos organizavam fugas coletivas. Quando fugiam e conseguiam escapar dos capitães do mato, geralmente iam morar nos quilombos.

No entanto, é preciso esclarecer que nem todos os escravizados queriam abandonar seus senhores. Em muitos casos, escravizados e senhores tinham relações mais amistosas, embora vivessem num regime de trabalho desigual e injusto.

JEAN-BAPTISTE DEBRET/COLEÇÃO PARTICULAR

Casamento de negros escravos de uma família rica, de Jean-Baptiste Debret, 1834-1839. Nesta gravura, Debret retrata o casamento entre dois cativos de uma família rica, mostrando um momento de alegria para eles. Vale lembrar, porém, que os filhos do casal seriam automaticamente propriedades do senhor e podiam ser vendidos.

Os quilombos

Fugir ou não fugir? Essa não era uma decisão fácil para os africanos escravizados. Fugir até que parecia fácil; o difícil era sobreviver depois da fuga: como conseguir alimento? Como escapar da perseguição dos capitães do mato? Onde morar? Viver isolado pelo resto da vida? Essas eram algumas das perguntas que o escravizado se fazia antes de fugir.

Além disso, caso fosse pego, seria severamente castigado. Havia uma lei que permitia marcar com ferro em brasa uma letra "F" (de "fugido") no ombro do fugitivo capturado. Para evitar novas fugas, os senhores, muitas vezes, ordenavam o açoite na frente dos outros, para servir de exemplo. Também se usava muito o tronco, no qual se acorrentava o escravizado, que, ali, chegava a passar uma noite inteira sem se mexer. Enfim, fugir era muito arriscado.

JEAN-BAPTISTE DEBRET/MUSEUS CASTRO MAYA - IPHAN/MINC

Aplicação do castigo de açoite, de Jean-Baptiste Debret, século XIX.

Apesar disso, os africanos escravizados encontraram um modo de sobreviver após a fuga: passaram a se concentrar em locais isolados, onde podiam viver em comunidades, chamadas de quilombos. Dessa forma, os quilombos nada mais eram que um agrupamento de africanos escravizados fugidos – os quilombolas –, que passavam a viver coletivamente, escondendo-se dos senhores ou resistindo aos ataques organizados por eles.

Nos quilombos, os africanos construíam suas moradias, plantavam roças e escolhiam um chefe. Muitas vezes, indígenas, mestiços e africanos livres também optavam por viver nos quilombos.

No Brasil existiram muitos quilombos. O mais famoso foi o Quilombo dos Palmares, formado em Alagoas, no século XVII, no qual se destacou a liderança de Zumbi, hoje considerado o símbolo da resistência negra brasileira.

Em Goiás, desde o início da escravidão, houve dezenas de quilombos espalhados por todo o território. Mas muitos desses quilombos, como o Quilombo do Ambrósio, o de Pilar e o de Papuã, foram descobertos e destruídos. Outros conseguiram sobreviver até os dias de hoje, como o Quilombo dos Kalunga, em Cavalcante, e o do Cedro, em Mineiros.

Para saber mais...

FABIO COLOMBINI/ACERVO DO FOTÓGRAFO

Casa de adobe coberta de palha na comunidade Kalunga na Chapada dos Veadeiros. Foto de 2010.

Os Kalunga ocupam uma área de mais de 2 300 km² às margens do Rio Paranã, entre os municípios de Cavalcante, Monte Alegre de Goiás e Teresina de Goiás. A palavra "kalunga" é africana e tem diversos sentidos: tanto dá nome a uma planta da região, quanto pode significar "o mar" ou "um lugar sagrado de proteção".

Os africanos escravizados fugiram para a região no século XVIII. Como o local era de difícil acesso, viveram praticamente sem ser importunados, cultivando mandioca, arroz, milho e fumo, e mantendo suas tradições culturais e religiosas. Na década de 1970, foram descobertos por pesquisadores e passaram a despertar o interesse da imprensa. Em 1991, uma lei do estado de Goiás transformou a região em Sítio Histórico e Patrimônio Cultural Kalunga, garantindo aos descendentes dos quilombolas a posse da terra e a manutenção de suas tradições.

História da minha cidade

Cavalcante

Cavalcante é um município situado a 373 quilômetros de Goiânia, na região onde se localiza um dos mais importantes patrimônios culturais do Brasil: a Chapada dos Veadeiros, onde fica o lugar mais alto de Goiás, com 1676 metros de altura, e o Parque Nacional da Chapada dos Veadeiros, reconhecido como Patrimônio Natural Mundial pela Unesco.

GOIÁS: LOCALIZAÇÃO DE CAVALCANTE

Adaptado do **Atlas geográfico escolar**. Rio de Janeiro: IBGE, 2009. p. 180.

Apesar de ser um dos mais extensos municípios de Goiás, Cavalcante tem poucos habitantes: a população não passa de 15 mil pessoas. O município é muito antigo, cheio de histórias para contar.

Fundado em 1740 por dois bandeirantes que haviam descoberto uma grande mina de ouro ali, ganhou parte do nome de um deles – Diogo Teles Cavalcante. Por causa do ouro, o lugar atraiu vários garimpeiros.

Só que o ouro não durou muito. Quando acabou, muita gente abandonou o vilarejo, mas algumas pessoas resolveram ficar, sobrevivendo da agricultura e da criação de gado. No século XIX, a região se destacou no cultivo de trigo, um cereal pouco cultivado em Goiás. Atualmente, a principal atividade econômica do município é a agropecuária.

Com mais de 150 cachoeiras, como as de Santa Bárbara, Rio da Prata e Ponte de Pedra, Cavalcante é ainda cheio de belezas naturais.

FABIO COLOMBINI/ACERVO DO FOTÓGRAFO

As águas cristalinas da Cachoeira Santa Bárbara é uma das belezas da Chapada dos Veadeiros. Foto de 2010.

O fim da escravidão no Brasil e em Goiás

A partir de 1850, a oferta de africanos escravizados passou a ser cada vez mais escassa. A Inglaterra, o país mais poderoso da época, fiscalizava o Oceano Atlântico para impedir o comércio de africanos escravizados. Os ingleses tinham se desenvolvido industrialmente e queriam que cada vez mais pessoas pudessem consumir seus produtos. Como os escravizados não recebiam salários, a escravidão não era interessante para os ingleses. Ao mesmo tempo, iniciava-se uma ampla campanha nas grandes cidades brasileiras em favor do fim da escravidão.

Na cidade de Goiás, então capital da província, foi organizado um forte movimento abolicionista (palavra que significa "partidário da abolição da escravidão"), liderado por um juiz chamado Félix de Bulhões. Os integrantes desse movimento publicavam artigos em jornais contra a escravidão e organizavam festas para arrecadar dinheiro e comprar a liberdade dos escravizados.

Diante da pressão popular e da dificuldade econômica de continuar com o comércio de cativos, no dia 13 de maio de 1888 a princesa Isabel assinou a chamada Lei Áurea, extinguindo formalmente a escravidão no Brasil. Em Goiás, por causa da distância e da precariedade dos meios de comunicação, a notícia do fim da escravidão demorou a chegar à capital de Goiás. Apenas no dia 30 de junho o presidente da província de Goiás recebeu a notícia oficial – o que foi motivo de festas na capital e nas cidades mais importantes da província.

LULA RODRIGUES/ARQUIVO DA EDITORA

Isabel Cristina Leopoldina Augusta Micaela Gabriela Rafaela Gonzaga de Bragança, conhecida simplesmente como Princesa Isabel, assinou a Lei Áurea, acabando oficialmente com a escravidão no Brasil.

Para saber mais...

O 13 de maio, dia em que a princesa Isabel assinou a Lei Áurea libertando os escravizados, era considerado o dia mais importante na comemoração negra. No entanto, atualmente diversos movimentos negros estão sendo realizados em 20 de novembro, dia da morte de Zumbi dos Palmares. Essa data passou a ser denominada "Dia da Consciência Negra".

MANUEL VICTOR/ARQUIVO DA EDITORA

Zumbi dos Palmares liderou os negros do Quilombo dos Palmares na luta pela liberdade.

No entanto, o trabalho escravo já não era tão importante assim para a economia de Goiás. Desde a diminuição do ouro, cada vez mais diminuía o número de escravizados. Observe a tabela a seguir.

Número de escravizados em Goiás	
Ano	**Quantidade de escravizados**
1823	24000
1872	10652
1888	4000

Fonte: PALACIN, L.; MORAES, M. A. S. **História de Goiás**. Goiânia: Ed. da UCG, 2001. p. 80.

Como se nota na tabela, a quantidade de escravos libertos foi de apenas 4 mil, numa população estimada em mais de 200 mil pessoas.

Infelizmente, o fim da escravidão não foi acompanhado de nenhuma ajuda econômica aos africanos libertos. Muitos deles, sem terras, tiveram de migrar para as cidades, onde viveram em condições bastante difíceis. Outros preferiram morar com seus antigos senhores, vivendo também em situação precária.

Desse modo, sem terras, sem dinheiro, sem emprego, sem escolaridade, os africanos tiveram, durante séculos, muitas dificuldades para se integrar plenamente à sociedade brasileira. Isso explica em parte por que até hoje a renda dos brancos é bem maior do que a renda dos negros no Brasil.

No entanto, mesmo com essas dificuldades, muitos africanos se destacaram e continuam se destacando em diferentes áreas de atuação profissional: escritores, jornalistas, médicos, advogados, atores, esportistas, empresários, entre inúmeras outras. Cada vez mais, as pessoas negras estão orgulhosas de sua etnia.

O negro além da escravidão

Neste capítulo, aprendemos sobre a condição do negro escravizado em Goiás e as formas encontradas para resistir à escravidão. No entanto, o fato de ser escravo não impedia o negro de ter uma participação ativa na sociedade da época. Eram comuns casos de negros alforriados serem proprietários de cativos e de outros bens valiosos. Em muitos lugares de Goiás os negros escravizados construíram belas igrejas, organizavam associações e participavam de importantes procissões religiosas.

Além disso, houve muitos casamentos entre brancos e negros. Os filhos desses casamentos eram conhecidos, na época, por "pardos" ou "mulatos". Os mulatos sofreram muitos preconceitos, mas aos poucos foram conseguindo ocupar espaço na sociedade. Uma das pessoas mais cultas de Goiás do século XIX, o padre e historiador Silva e Souza, era mulato.

Os africanos que vieram para o Brasil e seus descendentes, os afro-brasileiros, contribuíram muito para a formação da cultura brasileira. Entre essas contribuições, destacam-se: a capoeira, ao mesmo tempo dança e luta; o samba; as religiões afro-americanas e a culinária. Várias palavras, bastante utilizadas no português atualmente, também são de origem africana, como banana, careca, cachimbo, cachaça, moleque, quitanda e zebra.

Em Goiás, como não podia ser diferente, os afro-brasileiros fizeram também importantes contribuições culturais. Em quase todas as cidades históricas, existe ou existiu uma igreja de Nossa Senhora do Rosário dos Pretos. É que, até mais ou menos 1850, as pessoas eram enterradas nas igrejas e não nos cemitérios. Por isso, os africanos, escravizados ou livres, construíam as próprias igrejas para que pudessem ter uma sepultura digna.

MARCIO COUTO/FLICKR/ACERVO DO FOTÓGRAFO

Igreja Nossa Senhora do Rosário dos Pretos, na cidade de Goiás, em foto de 2005. Apesar de bonita, essa igreja não é original – foi construída na década de 1930 no local onde existia uma antiga igreja do século XVIII.

Para saber mais...

"Debaixo desse angu tem carne!" e "feito nas coxas". Essas duas expressões são muito utilizadas em Goiás e em outras partes do Brasil. Quando se diz "debaixo desse angu tem carne", quer se dizer que alguém está escondendo algo importante. Essa expressão é da época da escravidão, quando o angu, um prato muito barato feito de milho ou farinha de mandioca era bastante utilizado na alimentação dos escravizados. As cozinheiras, também escravizadas, muitas vezes, colocavam saborosos pedaços de carne escondidos debaixo do angu no prato dos cativos preferidos. Daí originou a expressão.

Já "feito nas coxas" é usada quando se quer dizer que algo foi feito de modo apressado, sem capricho. A expressão também é do tempo da escravidão, quando as primeiras telhas das casas brasileiras eram moldadas nas coxas dos escravizados. As telhas ficavam todas desiguais, em razão dos diferentes tamanhos das coxas.

ACERVO DO AUTOR/ ARQUIVO DA EDITORA

Telha moldada na coxa de escravos, encontrada na cidade de Goiás.

O culto à Nossa Senhora do Rosário dos Pretos deu origem à mais importante festa afro-brasileira de Goiás: a Congada de Catalão. As Congadas são festas religiosas realizadas no mês de outubro, desde 1826, nas quais se misturam as tradições católicas e africanas. Grupos de negros uniformizados saem às ruas cantando, dançando e tocando instrumentos numa comitiva para levar o rei e a rainha do congo. A festa dura nove dias e atrai anualmente cerca de 100 mil pessoas. Além de Catalão, a festa da Congada acontece também em outras localidades, como na cidade de Goiás e em Pirenópolis.

GERALDO GOMES/KIMAGE

Grupo de congo percorrendo as ruas de Catalão, em foto de 2008.

Apesar da importância das tradições e costumes africanos para a formação da cultura brasileira, ainda existem muitas pessoas que manifestam preconceito racial contra os afrodescendentes, fazendo piadas ou usando expressões ofensivas às pessoas negras. Esse comportamento racista, em parte explicado pela herança da escravidão, é atualmente considerado crime pelas leis brasileiras.

Vamos fazer uma pesquisa

Na época da escravidão, os negros eram discriminados e torturados e as crianças, obrigadas a trabalhar. Leia os artigos 5.º e 7.º da atual **Constituição Federal Brasileira** e transcreva no caderno trechos que proíbem:

1. A prática do racismo.
2. O trabalho infantil.
3. A tortura.

Para registrar em casa

1. Procure no dicionário o significado das palavras a seguir e transcreva-o no caderno.

   a) deslocamento
   b) posse
   c) tortura
   d) indisposição
   e) amistoso
   f) precário

2. A palavra "kalunga" tem vários significados: qual deles é o mais adequado para referir-se aos quilombolas que habitavam a região?
3. Por que os navios negreiros eram chamados de "tumbeiros"?
4. As pessoas compravam escravizados, na época, para exibir riqueza e poder. Quais mercadorias, atualmente, têm a mesma função?
5. Na sua opinião, qual é a data mais adequada para comemorar o fim da escravidão no Brasil: 13 de maio ou 20 de novembro?

RICARDO GIROTTO/ ARQUIVO DA EDITORA

Patrimônio histórico pelo mundo

Ilha Robben, na África do Sul

VICTOR R. CAIVANO/ASSOCIATED PRESS

Antiga prisão na Ilha Robben, que se tornou um símbolo da luta contra a opressão racial, em foto de 2009.

Neste capítulo, você estudou a opressão da escravidão e a resistência dos africanos em Goiás. No entanto, essa opressão contra os negro-africanos também aconteceu em outros lugares. Na África do Sul, até 1990, os negros não tinham os mesmos direitos dos brancos. Muitos negro-africanos que lutavam pela igualdade racial foram enviados para a Ilha Robben, um bonito local transformado numa prisão de segurança máxima. Lá os presos viviam em condições precárias, eram agredidos pelos guardas e obrigados a executar trabalhos forçados. Foi nessa ilha que o líder Nelson Mandela ficou preso durante vários anos. Felizmente, a partir de 1990, o regime político que oprimia os negro-africanos acabou, e Mandela tornou-se presidente da África do Sul. Hoje, a Ilha Robben não é mais uma prisão: transformou-se em museu e foi reconhecida como Patrimônio da Humanidade.

SCHALK VAN ZUYDAM/POOL/REUTERS/LATINSTOCK

Nelson Mandela ganhou o prêmio Nobel da Paz em 1993 por sua luta pelos direitos dos negros sul-africanos. Foto de 2010.

Coisas da nossa terra

Félix de Bulhões nasceu na cidade de Goiás em 1845 e morreu em 1887. Pertencente a uma das famílias mais tradicionais de Goiás, era juiz de direito e foi o maior defensor da abolição dos negro-africanos em Goiás. Fundou o jornal *O Libertador* e escreveu diversos poemas atacando a escravidão. Por isso, ficou conhecido como "O Castro Alves de Goiás", alusão a outro poeta brasileiro famoso pelas críticas à escravidão por meio da poesia.

Vamos ler o trecho de um poema de Félix de Bulhões.

Hino libertador

Já desponta no horizonte
A aurora da redenção
Lava, escravo, dessa fronte
O selo da escravidão.
Sim, ergue a fronte no ares,
Ressoa um hino festivo,
Filhos de Adão, somos pares,
Rompe-se o ferro cativo,
Lava, escravo, essa fronte
O selo da escravidão;
Já desponta no horizonte
A aurora da redenção.
O anjo da liberdade
Inunda o espaço de luz
E dos livres na igualdade
Seu brado imenso traduz.
(...)

RICARDO GIROTTO/ ARQUIVO DA EDITORA

Hino libertador, de Félix de Bulhões. Disponível em: <www.antoniomiranda.com.br/poesia_brasis/goias/felix_de_bulhoes.html>. Acesso em: 31 out. 2010.

Faça as atividades seguintes no caderno.

1. Félix de Bulhões morreu em 1887. Em que sentido ele profetizou o fim da escravidão no Brasil?
2. Qual é o significado da expressão "filhos de Adão, somos pares" no poema?
3. Procure no dicionário os diversos significados da palavra "selo" e transcreva aquele mais adequado ao uso dessa palavra no poema.

Capítulo 5

A sociedade goiana do século XIX

O fim da mineração em Goiás não significou o fim das atividades econômicas da região. Muito pelo contrário. Cerca de duzentos anos atrás, por exemplo, a fazenda do Engenho São Joaquim (hoje chamada Fazenda Babilônia), localizada no atual município de Pirenópolis, era produtora de um dos melhores algodões do mundo – e não pense que todo esse algodão servia para abastecer a população local. Assim como hoje, que muitos produtos são vendidos em todo o mundo, naquela época também havia um grande comércio exportador. Todo o algodão do Engenho São Joaquim, por exemplo, era comprado pelos ingleses!

Quando visitamos a Fazenda Babilônia, uma simpática senhora, chamada dona Ledô, nos deu uma verdadeira aula sobre a importância dessa fazenda para a história de Goiás, ajudando-nos a compreender melhor como era a sociedade goiana do século XIX. A partir de agora, você também vai compreendê-la.

MARIO YOSHIDA/ARQUIVO DA EDITORA

GOIÁS: LOCALIZAÇÃO DE PIRENÓPOLIS

Adaptado do **Atlas geográfico escolar**. Rio de Janeiro: IBGE, 2009. p. 180.

IANO ANDRADE/CB/D.A PRESS

A Fazenda Babilônia, antigo Engenho São Joaquim, é um exemplo de como eram as grandes fazendas do século XIX. Em primeiro plano, observa-se o monjolo. Foto de 2008.

O desenvolvimento da agricultura e da pecuária

Ao mesmo tempo que o ouro estava sendo retirado dos leitos dos rios goianos, também se desenvolviam vagarosamente a agricultura e a criação de bois. Afinal, as pessoas não podiam comer ouro, certo? Precisavam se alimentar e não era possível obter tudo de fora, por exemplo, de São Paulo.

Com a escassez do ouro, muitos mineradores que haviam ficado ricos decidiram se tornar proprietários de fazendas, levando seus africanos escravizados para trabalhar na lavoura ou na criação de bois. Outros, que já eram donos de terras das quais tiravam o sustento, não viam mais vantagem em continuar morando nos centros urbanos, tentando ganhar dinheiro com um ouro que não existia mais. Por isso, em decorrência do fim da mineração e do desenvolvimento da agricultura e da pecuária, muitos núcleos urbanos simplesmente desapareceram e não constam no atual mapa do estado de Goiás.

Isso não quer dizer, porém, que as cidades foram totalmente desabitadas. Na verdade, desde o final do século XVIII, em Vila Boa funcionavam, por exemplo, escolas para crianças e mesmo uma faculdade.

O fato, porém, é que a agricultura e a pecuária foram se tornando cada vez mais importantes para a economia goiana ao longo do século XIX. Daí o nascimento das grandes fazendas, como a Fazenda Babilônia, e a tradição pecuária, que até hoje caracteriza o estado de Goiás.

KIM-IR-SEN/ACERVO DO FOTÓGRAFO

O gado criado em Goiás no século XIX era o curraleiro, também conhecido como "pé-duro", adaptado às condições climáticas do cerrado brasileiro.

Na pecuária, destacava-se a figura do vaqueiro.

"Êeeeeeeeeeeeeeeeeeeeeeeeeeee booooooooooooooooooi!"

Você já ouviu um grito desses?

É assim que os vaqueiros costumam chamar os bois para reuni-los. Não importa se são apenas umas poucas cabeças de boi ou centenas. Um vaqueiro experiente consegue reunir todas elas, usando seu cavalo, um berrante e, em algumas ocasiões, um cachorro que o ajuda a pastorear o gado.

A profissão de vaqueiro é bem antiga e, por muito tempo, foi considerada de importância fundamental para o estado de Goiás. Com o fim da mineração, a pecuária – associada à agricultura – conseguiu dinamizar a economia goiana e brasileira do século XIX.

Explorando os documentos

Observe as figuras ao lado. São dois brasões brasileiros, desenvolvidos durante o século XIX. O primeiro é do período em que o regime político do Brasil era a Monarquia, vigente entre 1822 e 1889. O segundo foi produzido no período da República, e vigora desde 1889 até os dias atuais.

REPRODUÇÃO/ARQUIVO DA EDITORA

ILUSTRAÇÃO DIGITAL/ARQUIVO DA EDITORA

Faça as seguintes atividades no caderno.

1. Identifique duas semelhanças e duas diferenças entre os dois brasões.
2. Por que motivo você acha que no primeiro brasão existe uma coroa desenhada?
3. Por que você acha que no brasão republicano existe uma data escrita na faixa azul?
4. Na época em que esses brasões foram elaborados, o principal produto da economia brasileira era o café. Você consegue identificar onde o café está representado nos brasões?

Vamos fazer uma pesquisa

Com seus colegas e a ajuda do professor pesquise qual é a diferença entre um regime monárquico e um regime republicano, respondendo às seguintes questões:

1. Num governo monárquico, que nome é dado ao governante?
2. Num governo republicano, que nome é dado ao governante?
3. Num regime republicano, a faixa presidencial é um importante símbolo de que a pessoa que a utiliza é o governante. E num regime monárquico? Qual é o principal símbolo?

As estradas e a comunicação

Distante do litoral, a capitania de Goiás mantinha-se, no século XIX, isolada da capital da colônia – o Rio de Janeiro.

Hoje em dia, uma viagem de carro de Goiás a São Paulo leva no máximo um dia. De avião, menos de duas horas! Mas, naquela época, essa mesma viagem durava por volta de 70 dias! O problema não era só o tempo de viagem, mas também os perigos que o viajante precisava enfrentar: indígenas, animais selvagens, acidentes, doenças... Era realmente uma aventura!

Claro que havia estradas por toda a capitania. O arraial de Meia Ponte, por exemplo, fazia o papel de ligação entre todas as estradas que passavam por Goiás: a estrada para Cuiabá, a estrada para São Paulo, a estrada para a Bahia e a estrada que ia para o Norte. Mesmo assim, as dificuldades de comunicação eram inegáveis.

JACEK/KINO.COM.BR

Rodovia estadual GO-020. Foto de 2010.

A capitania ficava tão isolada que as pessoas ricas da época chegavam ao ponto de achar que não precisavam obedecer aos administradores enviados pelo Rio de Janeiro. Há até uma história curiosa sobre isso. Certa vez, o vigário de Vila Boa, João Perestelo de Vasconcelos, foi preso, julgado louco e mandado para o Rio de Janeiro porque discutiu com o ouvidor da capitania!

Explorando os documentos

PRINCIPAIS CAMINHOS E ALGUMAS VILAS, CABEÇAS DE JULGADO E ARRAIAIS DA CAPITANIA DE GOIÁS EM 1809

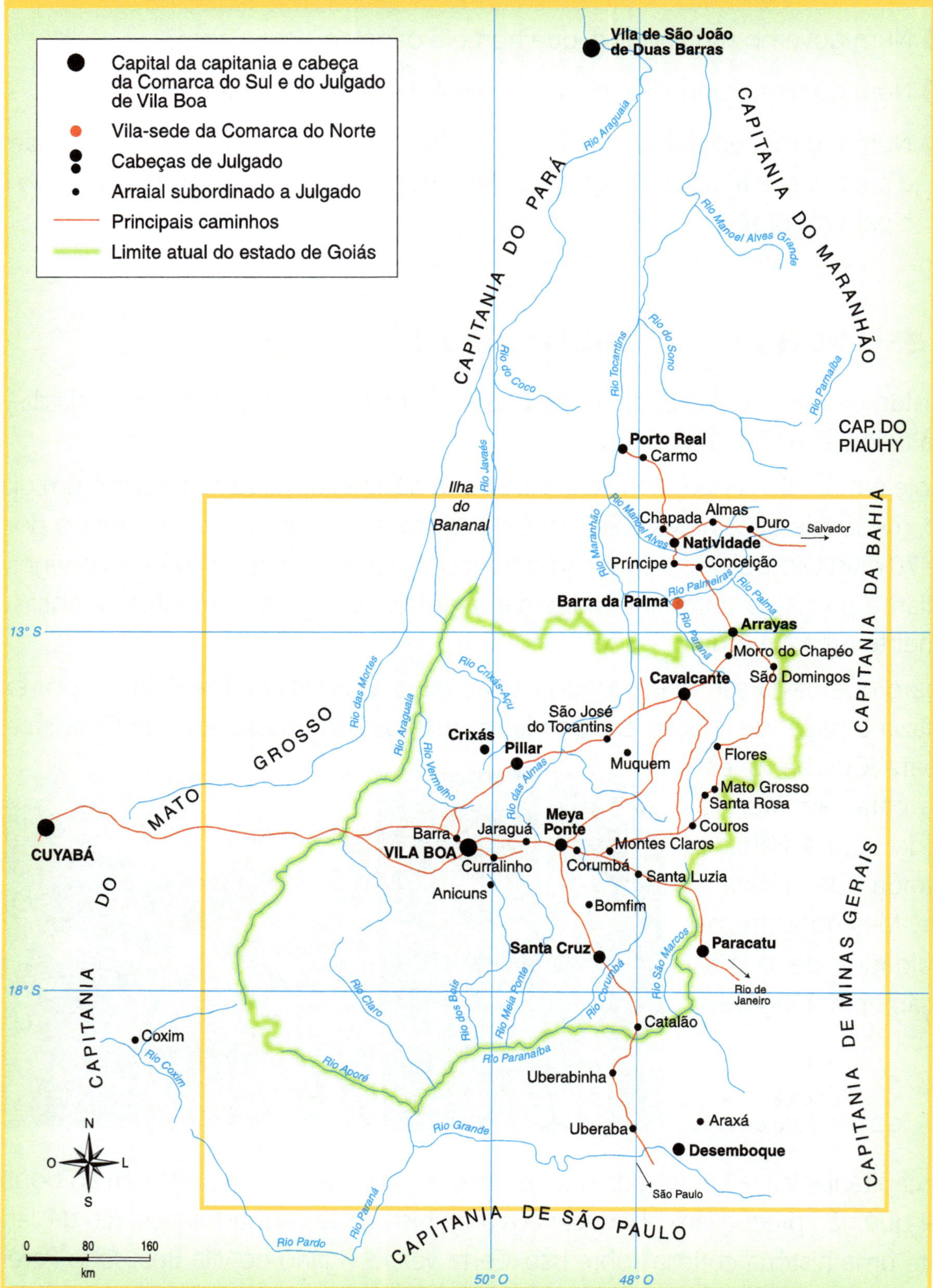

Adaptado de: <www.ufg.br/this2/uploads/files/214/captania_goias_1809.pdf>. Acesso em: 9 mar. 2011.

GOIÁS: PRINCIPAIS RODOVIAS (2010)

MARIO YOSHIDA/ARQUIVO DA EDITORA

Adaptado de: <www.ibge.gov.br>. Acesso em: 3 jan. 2011.

O primeiro mapa mostra as principais estradas de Goiás entre os séculos XVIII e XIX, já o segundo é mais atual. Percebe-se que Meya Ponte, atualmente chamada Pirenópolis, era um ponto de encontro de todas essas estradas. Repare, porém, nas muitas outras cidades que existem ao longo dessas estradas.

Faça as seguintes atividades no caderno.

1. Com seus colegas e o auxílio do professor, descubra o nome atual das seguintes cidades que estão no primeiro mapa:

   a) Bomfim; b) Couros; c) Curralinho.

2. Como Pirenópolis era um ponto de encontro das estradas, muitas pessoas passavam por ali. Qual foi a consequência disso para a cidade?

3. Nos dois mapas aparecem três cidades que atualmente fazem parte do estado de Minas Gerais, e não mais de Goiás: Uberlândia, Uberaba e Araxá. Na sua opinião, por que isso aconteceu?

Para saber mais...

O primeiro governador de Goiás, o Conde de Sarzedas, saiu de São Paulo em 1737 com o objetivo de transformar um dos arraiais que aqui existiam em capital da capitania de Goiás. Para escolher o melhor lugar, o conde se embrenhou nas terras do interior de Goiás. Essas viagens, porém, eram muito cansativas e perigosas; próximo ao arraial de Traíras, o conde contraiu uma grave doença que o levou à morte antes que pudesse instalar a capital em Meia Ponte, atual Pirenópolis. Quando Dom Luiz de Mascarenhas, seu sucessor, chegou à capitania, acabou por instalar a capital no Arraial de Santana, que, daí em diante, passou a ser chamado de Vila Boa e, mais tarde, Goiás.

O município de Pirenópolis, a 120 quilômetros de Goiânia e que quase foi capital de Goiás, tem hoje um centro histórico preservado e tombado pelo Instituto do Patrimônio Histórico Nacional (Iphan). Além disso, suas trilhas e cachoeiras atraem turistas de Goiás e de Brasília.

O povoamento e a miscigenação

A população goiana desse período chamava a atenção pela pequena quantidade de mulheres brancas. Muitos colonizadores paulistas e emboabas – aventureiros de outras capitanias ou portugueses em busca de riquezas – vendiam tudo o que tinham em São Paulo para tentar a sorte nas minas, mas vinham sozinhos, deixando esposa e filhos. A mesma coisa acontecia com os governadores da capitania: nenhum deles vinha acompanhado da família. Isso acabou provocando um fenômeno importante, que caracteriza até hoje a sociedade goiana: o intenso processo de miscigenação, ou seja, a mistura de indígenas, negros e brancos. Ao chegar a Goiás, esses homens casavam-se e tinham filhos com as indígenas ou as africanas.

Esse processo de povoamento e miscigenação do atual estado de Goiás era acompanhado, porém, da grave disseminação de doenças, afligindo principalmente os indígenas, que não haviam tido contato com doenças como a varíola e, portanto, não tinham imunidade contra elas.

Para se "proteger" desses males, a população fazia uso de crendices populares, como amuletos, pedaços de cordões benzidos em igrejas, anéis metálicos feitos e benzidos no sábado de Aleluia, entre outras. Era comum ainda encontrar chifres de bois em volta das casas para proteção das roças ou dos animais.

A medicina da época, por sua vez, tratava a maioria dessas doenças receitando a sangria – tratamento que fazia cortes na pele do paciente para que ele sangrasse e se "livrasse" do mal que o atingia –, o vômito e a ingestão de purgantes!

Caveira de cabeça de boi usada como amuleto em fazenda do município de Formosa. Foto de 2011.

MATEUS KRYSZCZUN DALLA ROSA/ACERVO DO FOTÓGRAFO

Para saber mais...

Matutina Meyapontense é o nome do primeiro jornal que circulou em Goiás. Fundado em 1830, no atual município de Pirenópolis, tinha estrutura muito parecida com a dos jornais de hoje, com anúncios, cartas de leitores, avisos importantes que o governo desejava fazer etc.

Da mesma forma que faz um detetive, podemos juntar essas informações para descobrir como as pessoas pensavam e agiam naquela época. É assim que trabalha um historiador!

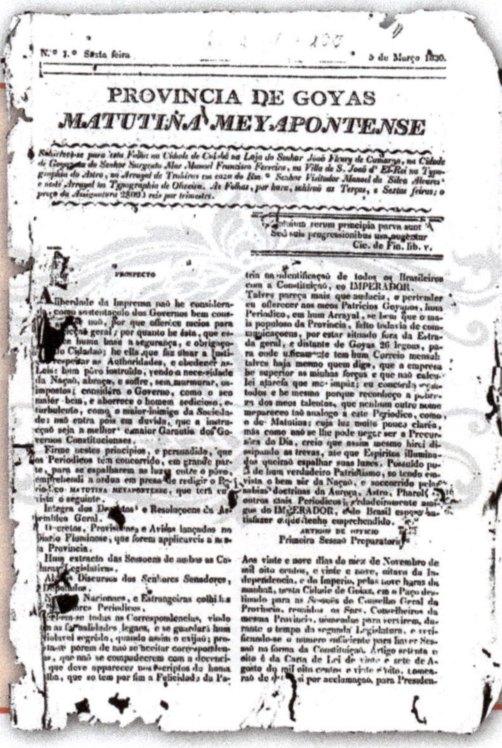

N.º 1.º Sexta feira — 5 de Março 1830.

PROVINCIA DE GOYAS

MATUTIÑA MEYAPONTENSE

Cic. de Fin. lib. v.

PROSPECTO

AUTORIA DESCONHECIDA/ARQUIVO DA EDITORA

Alimentação e comércio

Você já parou para pensar nas coisas que come ao longo do dia? Pela manhã, você talvez prefira um leite achocolatado, com pão, iogurte e uma fruta. Na hora do almoço, arroz, feijão, salada de verduras, carne ou ovo. À tarde, uma fruta ou um lanche e, no jantar, uma sopa. Nos fins de semana, muita gente escolhe comer algo diferente, tomar refrigerante ou saborear um chocolate ou sobremesa.

No entanto, entre os séculos XVIII e XIX, em Goiás, as pessoas não tinham todas essas opções. A tabela abaixo mostra os principais produtos comercializados em Goiás entre 1736 e 1786. Observe-a.

Principais produtos comercializados em Goiás entre 1736 e 1786		
Produto	Preço em 1736	Preço em 1786
Açúcar	1$920 a arroba	3$600 a arroba
Aguardente	4$800 o barril	8$000 o barril
Farinha	2$400 o alqueire	2$400 o alqueire
Feijão	1$500 o alqueire	$800 o alqueire
Milho	1$500 o alqueire	1$500 o alqueire
Boi	6$000 a cabeça	1$500 a cabeça
Sal	4$800 o surrão	1$875 o surrão
Galinha	2$700 a cabeça	$300 a cabeça

Fonte: SALES, Gilka. **Economia e escravidão em Goiás**. Goiânia: Ed. da UFG, 1992. p. 121.

Examinando a tabela, pode-se perceber que tipo de alimento as pessoas consumiam. Muita carne, mandioca, milho... Reparou como eles não tinham o hábito de comer verduras? Isso demonstra que até os nossos hábitos alimentares se modificam ao longo do tempo, ou seja, fazem parte da nossa história!

A mesma coisa acontece com o preço dos produtos. Veja, por exemplo, como o preço do açúcar subiu entre 1736 e 1786... Já o preço do feijão, do sal e da galinha baixou de uma época para outra. O mesmo ocorre hoje em dia com o preço do pão, do leite e mesmo da balinha e do pirulito. Algumas coisas sobem de preço e outras baixam. Interessante, não?

Ao se adaptarem às novas condições, os colonizadores aprenderam com os indígenas a consumir os alimentos do cerrado. Por isso, nos séculos XVIII e XIX as refeições diárias eram à base de milho, farinha e feijão. O prato principal era o feijão com farinha, e não o nosso tradicional "feijão com arroz".

SÉRGIO DOTTA JR/ARQUIVO DA EDITORA

A farinha com feijão e o milho...

MARCELO ZOCCHIO/ARQUIVO DA EDITORA

... deram lugar ao prato de feijão com arroz, bife e salada, tão presente na mesa do brasileiro atualmente.

Para saber mais...

Muita coisa do passado pode ser comparada com o que existe no presente. Repare nas medidas que aparecem na tabela com os principais produtos comercializados em Goiás entre 1736 e 1786. A arroba, por exemplo, ainda hoje é utilizada como unidade de medida de peso e equivale a 14,688 quilos. Já o alqueire é uma unidade de medida de superfície e até hoje é variável: o alqueire paulista, por exemplo, equivale a 24 200 metros quadrados, e o alqueire goiano, a 48 400 metros quadrados. Além disso, o alqueire pode ser utilizado para medir o peso de certos produtos, como feijão, farinha e milho. Nesse caso, no século XIX um alqueire equivalia a 13,8 litros.

Outra unidade de medida que permaneceu foi a cabeça. Assim como no século XIX, atualmente a cabeça mede a quantidade de animais que uma pessoa possui.

Já o surrão é uma medida de peso cujo valor se aproxima, atualmente, de um saco de 60 quilos; e o barril é uma unidade de volume antiga cujo valor, atualmente, se aproxima de 117,3 litros.

RICARDO GIROTTO/ARQUIVO DA EDITORA

Os colonizadores, por sua vez, também contribuíram para a mesa goiana: trouxeram o arroz, o sal, a carne de gado e de porco. Da mistura entre os alimentos indígenas e aqueles trazidos pelos colonizadores surgiu a maioria dos pratos típicos de Goiás. Veja a tabela a seguir.

Mistura na mesa		
Alimentos nativos do cerrado	**Alimentos trazidos pelos colonizadores europeus**	**Alimentos típicos de Goiás**
Pequi	Arroz	Arroz com pequi
Guariroba	Arroz	Arroz com guariroba
Farinha de jatobá	Farinha de trigo	Bolo de jatobá

Analisando a tabela, percebe-se como a junção de alimentos de culturas diferentes pôde contribuir positivamente para a nossa cultura atual. Ao misturar um ingrediente indígena a outro europeu, a sociedade goiana produziu excelentes pratos, hoje considerados verdadeiros patrimônios culturais de Goiás.

WERNER RUDHART/KINO.COM.BR

Arroz com guariroba e pequi cozido (à direita) e bolo de jatobá (abaixo) são comidas típicas de Goiás.

KIM-IR-SEN/ACERVO DO FOTÓGRAFO

Vale lembrar que muitos outros pratos foram criados misturando tradições de outras culturas. Na segunda metade do século XX, por exemplo, o pão francês, o macarrão e a *pizza* incorporaram-se ao cardápio não só dos goianos, mas de todos os brasileiros, demonstrando que os hábitos alimentares continuam se modificando.

Explorando o documento

O documento histórico a seguir fornece algumas informações sobre os hábitos alimentares em Goiás no século XIX. É o relato do viajante francês Auguste de Saint-Hilaire, que percorreu o atual estado de Goiás no início do século XIX e registrou suas impressões sobre os costumes da sociedade goiana da época. Neste texto, Auguste de Saint-Hilaire fala um pouco a respeito dos hábitos alimentares das pessoas mais ricas de Vila Boa.

"A comida era abundante e bem preparada, e na mesa se destacavam belas pratarias e porcelanas. Não deixava de causar assombro esse luxo sabendo-se que o único meio de se chegar a Vila Boa era em lombo de burro e que nos achávamos a 300 léguas do litoral. (...)

No meu primeiro jantar no palácio havia sobre a mesa uma bandeja com esplêndidas uvas moscatéis, as quais, como o vinho, foram inutilmente cobiçadas pela maioria dos convidados. Eu, porém, fui mais favorecido, e achei-as excelentes. Embora as vinhas produzam na região frutos de muito boa qualidade e as tentativas de fabricação de vinho tenham dado resultados bastante satisfatórios, um prato de uvas é ainda considerado artigo de luxo, tamanha é a preguiça do povo do lugar."

Viagem à província de Goiás, de Auguste de Saint-Hilaire.
Belo Horizonte: Itatiaia, 1975. p. 55-6.

Faça as seguintes atividades no caderno.

1. Por que o viajante ficou impressionado com a riqueza das peças utilizadas no jantar?
2. Na época em que esse documento foi escrito, qual era o principal meio de transporte usado para levar mercadorias até Goiás?
3. Na sua opinião, o viajante teve uma visão positiva ou negativa do jantar que lhe serviram? Por quê?
4. Agora, faça uma continha: se uma pessoa, no lombo de um burro, consegue viajar 10 léguas por dia, quanto tempo levaria para andar 300 léguas?
5. Por que você acha que as outras pessoas que estavam jantando com o viajante não provaram as uvas e o vinho?

Agora observe a tabela a seguir. Ela apresenta a quantidade de pessoas que havia em Goiás entre 1736 e 1872. Por meio desses dados, pode-se perceber como a população do atual estado de Goiás cresceu entre os séculos XVIII e XIX. Isso aconteceu, principalmente, por causa da descoberta e exploração do ouro na região.

Quantidade de pessoas em Goiás entre 1736 e 1872	
Ano	População
1736	13 000
1748	14 330
1781	58 829
1783	59 287
1804	50 764
1819	63 168
1832	68 489
1848	79 339
1872	160 395

Fontes: SALLES, Gilka V. F. *Economia e escravidão na capitania de Goiás*. Goiânia: Ed. da UFG, 1992. PALACIN, Luis. **Goiás 1722/1822**: estrutura e conjuntura numa capitania de minas. Goiânia: Oriente, 1972. BERTRAN, Paulo. *Notícia Geral da Capitania de Goiás*. Goiânia: Ed. da UFG/Ed. da UCG, 1997.

Repare, porém, que a tabela também mostra uma diminuição na quantidade de pessoas entre 1783 e 1804. Você sabe por quê?

Lembre-se de que foi mais ou menos nessa época que os rendimentos do ouro diminuíram, fazendo muita gente sair de Goiás. Mas, como se observa na tabela, alguns anos depois a população voltou a crescer. Quem ficou teve que procurar outras maneiras de se sustentar, encontrando na agricultura e na criação de gado uma forma de manter seus rendimentos sem precisar da mineração.

Religiosidade

Outra característica importante da sociedade goiana do século XIX está relacionada à religiosidade. Muitas das primeiras cidades fundadas em Goiás surgiram em volta de uma pequena capela, onde eram realizadas novenas, missas e procissões que congregavam a população.

Algumas vezes, essas novenas tinham objetivos específicos, como rezar para que uma epidemia parasse de afligir a população. Foi o caso da epidemia de varíola, que em 1816 atingiu Meia Ponte, obrigando a cidade a se manter isolada para que a doença não se alastrasse.

Atualmente, existem em Goiás diversas comunidades e festividades religiosas. A Procissão do Fogaréu, as Cavalhadas e as Congadas são exemplos de manifestações da tradição religiosa goiana.

IANO ANDRADE/CB/D.A PRESS

Fachada da Igreja do Trance Divino, Alto Paraíso, em 2007.

MARCELLO CASAL JR/ABR

Procissão do Fogaréu: cerimônia religiosa realizada em Goiás há dezenas de anos e que se tornou um verdadeiro patrimônio cultural do estado. Foto de 2010.

ENIO TAVARES/ FUTURA PRESS

Cavalhadas em Pirenópolis: retrato das antigas batalhas entre cristãos e muçulmanos na Europa, conhecidas como Cruzadas. Na encenação, os cristãos estão de azul. Foto de 2010.

Para saber mais...

A 93 quilômetros de Goiânia, Cristianópolis tem uma história curiosa, ligada à religiosidade. Tudo começou na cidade de Santa Cruz de Goiás, onde a disputa entre católicos e protestantes estava muito acirrada. Por causa das diferentes religiões, as pessoas brigavam e não se respeitavam mais. Então, para acabar com esses conflitos, os moradores protestantes de Santa Cruz resolveram sair da cidade e começar um novo povoado, que eles chamaram de Gameleira. As primeiras ruas desse povoado tinham nomes como Esperança, Fé e Caridade. Só depois de algum tempo é que o povoado recebeu o nome de Cristianópolis ("cidade de Cristo").

MIGUEL NETTO/ACERVO DO FOTÓGRAFO

Escombros da Igreja de São Sebastião, entre as cidades de Cristianópolis e Bela Vista, em foto de 2009. A existência dessa igreja é um importante indício para o historiador porque demonstra que naquele local devia existir um povoado. Afinal, uma igreja não seria construída se não houvesse pessoas para frequentá-la.

Vamos fazer uma pesquisa

Os conflitos religiosos são ainda muito comuns em várias partes do mundo. No Brasil, a **Constituição Federal** defende que todas as pessoas têm direito a exercer a sua crença religiosa. Leia o Capítulo I – Dos direitos e deveres individuais e coletivos da Constituição e transcreva no caderno o trecho que mostra esse direito.

Explorando o documento

Este anúncio foi publicado no jornal *Voz do Povo*, de 1928, uma importante fonte de informação para a sociedade goiana do século XX.

AUTORIA DESCONHECIDA/ACERVO HISTÓRICO DE GOIÁS, GOIÂNIA

Faça as atividades seguintes no caderno.

1. Qual é o produto anunciado?
2. Observe como as palavras são escritas. Algumas são diferentes da forma como escrevemos atualmente. Você sabe dizer quais são?
3. Por que você acha que isso ocorreu? Será que as pessoas escreviam errado naquela época?

Patrimônio histórico pelo mundo

Os Budas de Bamiyan no Afeganistão

Os Budas de Bamiyan, no Afeganistão, foram esculpidos no nicho de uma rocha por volta do século V. As estátuas, consideradas as mais antigas da religião budista, mediam entre 38 e 55 metros de altura. Em 2001, porém, em virtude das disputas religiosas na região, esse patrimônio histórico da humanidade foi atacado e praticamente destruído.

ALEX RAMSAY/ALAMY/OTHER IMAGES

O maior dos Budas de Bamiyan em foto de 1974.

História da minha cidade

Anápolis

JACEK/KINO.COM.BR

Igreja de Nossa Senhora de Santana, local onde a cidade de Anápolis nasceu. Foto de 2010.

GOIÁS: LOCALIZAÇÃO DE ANÁPOLIS

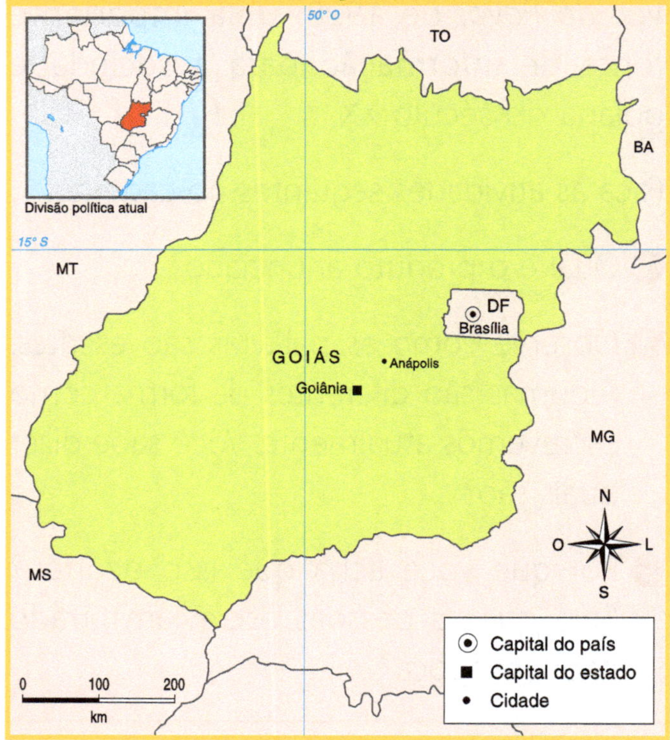

MARIO YOSHIDA/ARQUIVO DA EDITORA

Adaptado do **Atlas geográfico escolar**. Rio de Janeiro: IBGE, 2009. p. 180.

Você sabia que muitas das atuais cidades goianas tiveram sua origem ligada à pecuária? Anápolis, a 48 quilômetros de Goiânia, por exemplo, começou a se desenvolver ainda no início do século XIX. Era um local com bom pasto, água limpa e repleto de rios nas proximidades, sendo o principal o Rio das Antas. Com tantos atrativos, o lugar logo se tornou um ponto de parada para viajantes e tropeiros que conduziam gado e passavam pela região. Nessa movimentação, alguns acabaram se fixando ali, fazendo surgir um pequeno povoado que recebeu o nome de Santana das Antas. O nome se deve, claro, ao rio, mas também à primeira capela construída no local, dedicada à Nossa Senhora de Santana, onde atualmente está localizada a Matriz de Santana.

A construção de Goiânia e, depois, de Brasília em 1960, fez a cidade crescer rapidamente, até se tornar uma das principais cidades do estado de Goiás, principalmente após a criação do Distrito Agroindustrial de Anápolis (Daia), em 1976. Com o passar do tempo, o Daia tornou-se o ponto central de ligação das exportações goianas, com a expansão da malha ferroviária brasileira e do Porto Seco.

Coisas da nossa terra

Esta é uma das esculturas do artista goiano Joaquim da Veiga Valle (1806-1874), que nasceu em Pirenópolis, numa família simples e sem estudos. A obra de Veiga Valle é reconhecida em todo o Brasil, e muitos estudiosos se dedicam a pesquisar suas esculturas em madeira. Vamos conhecer melhor esse artista?

São Joaquim, escultura do artista goiano presente na Igreja da Boa Morte. Foto de 2010.

JACEK/KINO.COM.BR

AUTORIA DESCONHECIDA/ARQUIVO DA EDITORA

O escultor goiano Veiga Valle.

1. Com um grupo de colegas, pesquise a vida e a obra do escultor Joaquim da Veiga Valle.
2. Em seguida, construam um painel com as imagens de todas as obras que encontraram e apresente-o à turma. Vocês podem soltar a imaginação e, com a ajuda do professor de Arte, produzir desenhos ou mesmo esculturas com o material que conseguirem encontrar. Então, mão na massa!

Capítulo 6

A natureza e a ecologia em Goiás

Falamos, no início deste livro, que a história tem como objetivo estudar as ações humanas ao longo do tempo, ou seja, no passado e no presente. Seria correto, então, dizer que a história tem como objetivo estudar, por exemplo, as florestas que estão ao nosso redor?

Está em dúvida?

Então vamos pensar juntos: quando você visita uma fazenda, uma chácara ou a casa de um parente, já pensou que aquele lugar não foi sempre do jeito que está agora? Por exemplo, onde a casa está construída, poderia haver uma árvore que foi cortada; no quintal cheio de grama ou cimentado, talvez houvesse outro tipo de planta, buracos, pedras etc.

Com isso, pode-se concluir que a natureza ao nosso redor também é objeto da história, afinal, os seres humanos modificam a paisagem, às vezes destruindo-a, às vezes preservando-a, com o objetivo de adaptá-la às suas necessidades. Quer um exemplo?

O viajante alemão Pohl esteve na cidade de Goiás em 1819 e, ao descrever a praça, conhecida atualmente como "Praça do Chafariz", afirmou:

> "No meio da praça há um grande chafariz de pedra que era antes rodeado por árvores, que se mandou derrubar por se acreditar que as árvores diminuíam a quantidade de água que ia para a fonte".

POHL, Johann Emannuel. **Viagem no interior do Brasil**. Belo Horizonte: Itatiaia/São Paulo: Edusp, 1976. p. 140. Texto adaptado.

Local conhecido como Praça do Chafariz, na cidade de Goiás. Foto de 2008.

KIM-IR-SEN/ACERVO DO FOTÓGRAFO

Neste capítulo, você vai conhecer melhor a natureza de Goiás e de que forma a ocupação humana modificou o cerrado. Como lembrou um de nossos antigos professores, o senhor Paulo, as atividades humanas sempre têm impacto sobre o meio ambiente, seja degradando, seja agindo para preservar o patrimônio ambiental do lugar.

O cerrado goiano: animais e plantas

O cerrado é o ecossistema que predomina em Goiás. A vegetação é formada principalmente por gramíneas, arbustos e árvores esparsas. As árvores geralmente têm caules retorcidos e raízes longas para absorver água em lugares profundos. Algumas árvores típicas do cerrado são: o buritizeiro, a guariroba, a lobeira, a jabuticabeira, a goiabeira, o jatobá, o pequi, o gravatá, o jenipapeiro, a mangabeira, a gameleira, o ipê e a quaresmeira, entre muitas outras.

Lobeira: os frutos dessa árvore eram utilizados pelas crianças para fazer carrinhos de brinquedo ecológicos e divertidos.

Lobo-guará na Estação Ecológica de Águas Emendadas. Foto de 2009.

No cerrado há também uma grande diversidade de espécies animais. A onça-pintada, o tamanduá-bandeira, a anta, o lobo-guará, a cuíca, o veado-campeiro, o macaco-prego e a capivara são alguns dos animais mais conhecidos do cerrado, além das várias espécies de morcegos, peixes e aves.

Tamanduá-bandeira com filhote, no município de Miranda. Foto de 2010.

O clima do cerrado caracteriza-se por duas épocas bem definidas: a seca e a chuvosa. Na época da seca – entre os meses de maio e setembro –, as folhas das árvores caem, os pastos ficam ressequidos e a umidade do ar baixa bastante, a ponto de causar muitos problemas de saúde. Os dias são quentes e as noites, frias; os rios e córregos quase secam. Por isso, nessa época, é preciso tomar muita água e evitar se expor ao sol.

Na época das chuvas, que começam em setembro ou, no máximo, em outubro, a paisagem se transforma. O verde passa a ser a cor dominante, a umidade do ar aumenta e os rios e córregos se enchem.

RODRIGO CABRAL/JORNAL O POPULAR/FUTURA PRESS

Ponte sobre o Rio Vermelho na cidade de Goiás na época das chuvas. Foto de 2007.

A colonização e as novas espécies de animais e plantas

Ao ocupar o cerrado, os colonizadores trouxeram com eles animais e plantas de outros lugares, que acabaram se adaptando ao novo ambiente. Entre os animais domésticos, por exemplo, vieram com eles bois, cachorros, gatos, porcos, galinhas e cavalos. De todos, o gado bovino foi o que provocou mais mudanças no meio ambiente. Para alimentar as inúmeras cabeças de boi, criaram-se imensas pastagens, destruindo a vegetação natural e expulsando, muitas vezes, os animais nativos do cerrado. Além dos animais domésticos, novos pássaros, como os pardais e os pombos, também chegaram com os colonizadores e dominaram os céus das cidades goianas e das demais cidades brasileiras.

História da minha cidade

Mineiros

Localizado a 420 km de Goiânia, o município de Mineiros fica na região sudoeste do estado. Com cerca de 50 mil habitantes, tem como principal atividade econômica a agropecuária, que o torna um dos maiores produtores de grãos e gado do Brasil.

GOIÁS: LOCALIZAÇÃO DE MINEIROS

Adaptado do **Atlas geográfico escolar**. Rio de Janeiro: IBGE, 2009. p. 180.

O povoamento da região iniciou-se no final do século XIX, quando várias famílias de Minas Gerais mudaram-se para o local, a partir de 1872, e passaram a se dedicar à agricultura e à pecuária. Por causa dessas famílias mineiras, o pequeno aglomerado de casas ficou conhecido como "Mineiros", crescendo gradativamente, até se tornar oficialmente cidade, em 1931. Com as famílias mineiras, vieram vários escravos que, mais tarde, fundaram o Bairro do Cedro, uma comunidade de descendentes de escravos ainda hoje existente. No século XX, novos moradores chegaram a Mineiros: os nordestinos (principalmente baianos) e os gaúchos. Portanto, Mineiros destaca-se pela cultura diversificada: goiana, mineira, baiana e gaúcha.

O município ainda apresenta grande riqueza natural. São mais de duas mil nascentes de córregos e rios, incluindo nessa lista a nascente do Rio Araguaia, o mais importante de Goiás. O Parque Nacional das Emas, a maior área de preservação da região de cerrado do Brasil, também está localizado em Mineiros. O parque foi criado oficialmente em 1972 e ganhou esse nome em homenagem a uma ave típica da região: a ema. Pelo seu tamanho, beleza e importância, esse parque é considerado pela Unesco um Patrimônio Natural da Humanidade.

DELFIM MARTINS/PULSAR IMAGENS

Parque Nacional das Emas, em 2008.

Explorando o documento

No documento a seguir, Antônio Padua Fleury, vice-presidente da província de Goiás em 1848, relata a chegada da abelha-da-europa a Goiás. Essa abelha, originária do continente europeu, é agressiva e tornou-se dominante na região, ocupando o lugar da abelha jataí, pequenina e dócil.

"Reconhecendo as imensas vantagens que os nossos agricultores podem tirar da criação das abelhas europeias, que sem lhes tomar tempo, sem demandar o emprego de muitos braços e, com um baixo investimento, pode dar importantes lucros (...), mandei vir do Rio de Janeiro para esta província duas colmeias que aqui chegaram em agosto do ano passado."

Relatório que à Assembleia Legislativa de Goyaz apresentou na sessão ordinária de 1848 o Exm. vice-presidente da mesma província, Antônio Padua Fleury. In: **Memórias Goianas 4**. Goiânia: Ed. da UCG, 1996. p. 122.

Faça as seguintes atividades no caderno.

1. Por que o vice-presidente da província levou as abelhas-da-europa para Goiás?
2. Quais problemas a chegada dessa abelha causou ao meio ambiente de Goiás?

Os colonizadores trouxeram ainda novas plantas. Várias árvores que hoje são bastante comuns em Goiás são originárias de outros países. A tradicional mangueira, trazida pelos colonizadores, adaptou-se tão bem ao clima do cerrado, por exemplo, que passou a dar sombra e muitos frutos em praticamente todas as fazendas e quintais de Goiás. Tal como a manga, o abacate, o café, a cana-de-açúcar, a jaca e o marmelo também foram trazidos pelos colonizadores, adaptaram-se muito bem ao cerrado e tornaram-se conhecidos em Goiás.

A mangueira é uma árvore nativa do sul do continente asiático, mas se adaptou bem ao cerrado goiano, fornecendo muita sombra e deliciosos frutos.

KIM-IR-SEN/ACERVO DO FOTÓGRAFO

É importante lembrar que nem sempre as espécies vegetais de outros lugares se adaptam bem a um novo ambiente. O flamboaiã, árvore nativa de Madagáscar, é um exemplo. Com flores de cor vermelho vivo, essas árvores foram usadas para embelezar as ruas de Goiânia, mas atualmente estão sendo substituídas por espécies nativas do cerrado, mais bem adaptadas ao clima da região.

KIM-IR-SEN/ACERVO DO FOTÓGRAFO

Na inauguração oficial de Goiânia, milhares de mudas de flamboaiã foram plantadas para embelezar as ruas da cidade. Na foto de 2010, veem-se algumas dessas árvores floridas.

Portanto, desde a chegada dos primeiros colonizadores, em 1722, a paisagem do cerrado está se modificando com novos animais e novas plantas. Muitos são úteis aos seres humanos; outros, porém, contribuem para aumentar a degradação ambiental.

Para saber mais...

Principalmente entre as pessoas mais velhas predomina a crença de que a combinação de leite com manga faz mal à saúde. Na verdade, segundo os médicos, a não ser que alguém tenha alguma alergia ao leite ou à manga, isso não passa de um mito. Leite com manga é uma combinação deliciosa e nutritiva. Então, como se espalhou essa ideia equivocada? Tudo começou no tempo da escravidão, quando os donos de escravizados queriam que estes diminuíssem o consumo de leite com o objetivo de fazer sobrar mais leite para a venda. Como eles sabiam que os escravizados chupavam muitas mangas, facilmente disponíveis nos quintais, começaram a dizer que leite com manga fazia mal à saúde. A coisa pegou e, até hoje, há pessoas que acreditam nisso.

RICARDO GIROTTO/ ARQUIVO DA EDITORA

A degradação ambiental

Os seres humanos, buscando a sua sobrevivência, modificam o meio ambiente. No entanto, quando essas mudanças são muito grandes, dão origem a um processo de degradação ambiental que coloca em risco a vida de plantas, animais e, inclusive, do próprio ser humano.

Em Goiás, a degradação ambiental aumentou muito a partir da colonização, quando se iniciou a exploração das riquezas do cerrado. Para entender como esse processo começou e de que forma se desenvolveu, pode-se dividi-lo em três principais momentos.

Primeiro momento: a exploração do ouro no século XVIII

Quando os bandeirantes chegaram a Goiás, estavam em busca de indígenas para escravizar e, principalmente, do ouro. Ficaram tão fascinados pelo metal dourado encontrado que logo batizaram a serra que hoje circunda a cidade de Goiás de Serra Dourada – nome também do principal estádio de futebol do estado.

A bonita Serra Dourada ganhou esse nome dos bandeirantes, que ficaram deslumbrados com o ouro que encontraram ali. Foto de 2010.

FOTOS: JACEK/KINO.COM.BR

Estádio Serra Dourada: construído em 1973, é o principal estádio de futebol de Goiás. Foto de 2010.

Por causa desse fascínio, porém, esses bandeirantes nem sequer perceberam a riqueza das belezas naturais do cerrado, mais valiosas até que o ouro. Na busca pelo tão sonhado metal, os colonizadores escavaram imensos buracos, desviaram cursos de água e destruíram matas. O rio que corta a cidade de Goiás chama-se Rio Vermelho porque, no tempo da mineração, suas águas eram avermelhadas por causa do barro. Isso tem uma explicação: para retirar poucos gramas de ouro, era preciso revirar a terra e retirar toneladas de cascalho, além de desmatar as margens dos rios e córregos. Daí a grande quantidade de barro que se misturava à água. Além disso, alguns garimpeiros utilizavam mercúrio, um metal perigoso, para ajudar na limpeza do ouro, contaminando as águas e matando os peixes.

Segundo momento: a agricultura e a pecuária no século XIX

No século XIX, a exploração de ouro deixou de ser a principal atividade econômica de Goiás. A base da economia goiana passou a se concentrar nas fazendas agrícolas e nas pastagens, atividades que também provocaram degradação ambiental.

A agricultura praticada nessa época era muito simples. As matas indicavam solo fértil. Dessa forma, os donos de terra preferiam queimá-las para, no lugar, plantar suas lavouras. A queimada e a ausência de técnicas para preservar o solo, porém, faziam a terra perder rapidamente a fertilidade, não servindo mais para a agricultura. Então, começava tudo outra vez: novas matas eram queimadas e outro processo de degradação ambiental se iniciava.

Tal como a agricultura, a pecuária também degradava o meio ambiente. O gado criado em Goiás no século XIX era o chamado curraleiro, descendente dos primeiros bovinos trazidos pelos portugueses. Adaptado ao clima quente e seco, esse gado espalhou-se pela região da caatinga nordestina e pela região do cerrado do Planalto Central. Nas enormes fazendas de Goiás do século XIX, o curraleiro era criado solto, em pastagens que muitas vezes haviam tomado o espaço de árvores e arbustos nativos. Para renovar o capim, alguns pecuaristas ainda queimavam a pastagem, provocando mais danos ao meio ambiente.

Enfim, a pecuária e a agricultura do século XIX provocaram diversos prejuízos ambientais a Goiás, afetando o ecossistema do cerrado. No entanto, como a população era pequena nessa época e a produtividade era baixa, os danos não foram tão catastróficos.

Terceiro momento: a exploração do agronegócio no século XX

No século XX, o estado de Goiás desenvolveu-se muito: melhorou os meios de transporte com a construção de ferrovias e rodovias asfaltadas; aumentou a população com a construção de grandes cidades, como Goiânia e Brasília; e fez a economia crescer com a exploração da atividade agrícola e da pecuária para exportação.

A partir de 1960, houve uma grande mudança na forma de produção agrícola. Passou-se a utilizar fertilizantes químicos, agrotóxicos, sementes tratadas e selecionadas, além de grandes máquinas para o plantio e a colheita. Essas mudanças, conhecidas como "Revolução Verde", permitiram produzir grandes quantidades de alimentos em regiões de solo pobre, como é o caso do cerrado goiano.

As antigas fazendas que produziam pouco perderam espaço para o chamado agronegócio, que, com objetivos comerciais, aplica a tecnologia industrial ao mundo agrário. Com isso, Goiás passou a ser um dos grandes produtores de alimentos e produtos agrícolas do Brasil. Atualmente, o estado é um dos maiores produtores de soja, álcool e carne bovina, exportando esses produtos para diversos países.

Esse desenvolvimento teve um lado bom: gerou empregos, aumentou a arrecadação de impostos para o governo e acumulou muitas riquezas no estado. No entanto, ele tem um lado ruim: aumentou muito a degradação ambiental do cerrado goiano.

Os agrotóxicos e os fertilizantes poluem os rios e os solos. Milhares de pássaros morrem ao comer as sementes preparadas com venenos para combater pragas da lavoura. A derrubada da mata para o plantio retira a proteção do solo, causando enormes buracos, conhecidos como voçorocas. A terra, levada pelas enxurradas, entope as nascentes de rios e pequenos córregos.

Papa-Capim, personagem indígena criado por Mauricio de Sousa, critica a derrubada das florestas.

Por tudo isso, grande parte do cerrado foi degradada e continua passando por muitas transformações decorrentes das atividades humanas, exigindo que medidas e providências sejam tomadas para que esse importante ecossistema não desapareça. Os ecologistas, estudiosos que se dedicam ao estudo das relações entre os seres vivos e o meio ambiente, defendem o "desenvolvimento sustentável", ou seja, que se promova o crescimento econômico, mas que as riquezas naturais e o meio ambiente sejam protegidos.

JACEK/KINO.COM.BR

A prática da agricultura e a destruição das matas fazem com que a água da chuva jogue terra e areia nos rios e córregos, deixando-os rasos e sujos. Rio Maranhão, Niquelândia, em 2010.

Para saber mais...

Os ecossistemas também são afetados pela introdução indevida de um animal ou planta estranhos àquele ambiente. Foi o caso do caramujo-gigante-africano, que, na década de 1980, chegou ao Brasil ilegalmente. Trazido ao estado do Paraná, logo esse molusco se espalhou por várias regiões do país, inclusive por Goiás. Transmissor de doenças, o caramujo-gigante-africano representa um perigo para a nossa saúde e não deve ser manipulado sem proteção.

É por isso que, no Brasil, é proibido trazer do exterior animais e plantas silvestres sem a devida autorização dos órgãos ambientais brasileiros.

DIOMEDIA/ARQUIVO DA EDITORA

O caramujo-gigante-africano é nativo da África, mas foi introduzido ilegalmente no Brasil, espalhando-se por todo o país.

Lugares de preservação

Para proteger da degradação ambiental algumas partes do ecossistema do cerrado, foram criados os parques ambientais. Quando o parque está sob a responsabilidade do governo federal, ele é chamado de "parque nacional"; quando o responsável por ele é o governo estadual, é chamado de "parque estadual"; e quando é criado e mantido pelas prefeituras, leva o nome de "parque municipal". Em Goiás, existem dois parques nacionais: o Parque Nacional das Emas e o Parque Nacional da Chapada dos Veadeiros. Há ainda no estado nove parques estaduais e dezenas de parques municipais.

Os parques protegem os bens naturais de Goiás. É importante conhecê-los e visitá-los. Veja no mapa os municípios nos quais estão localizados os parques estaduais e nacionais de Goiás.

MARIO YOSHIDA/ARQUIVO DA EDITORA

GOIÁS: PARQUES AMBIENTAIS

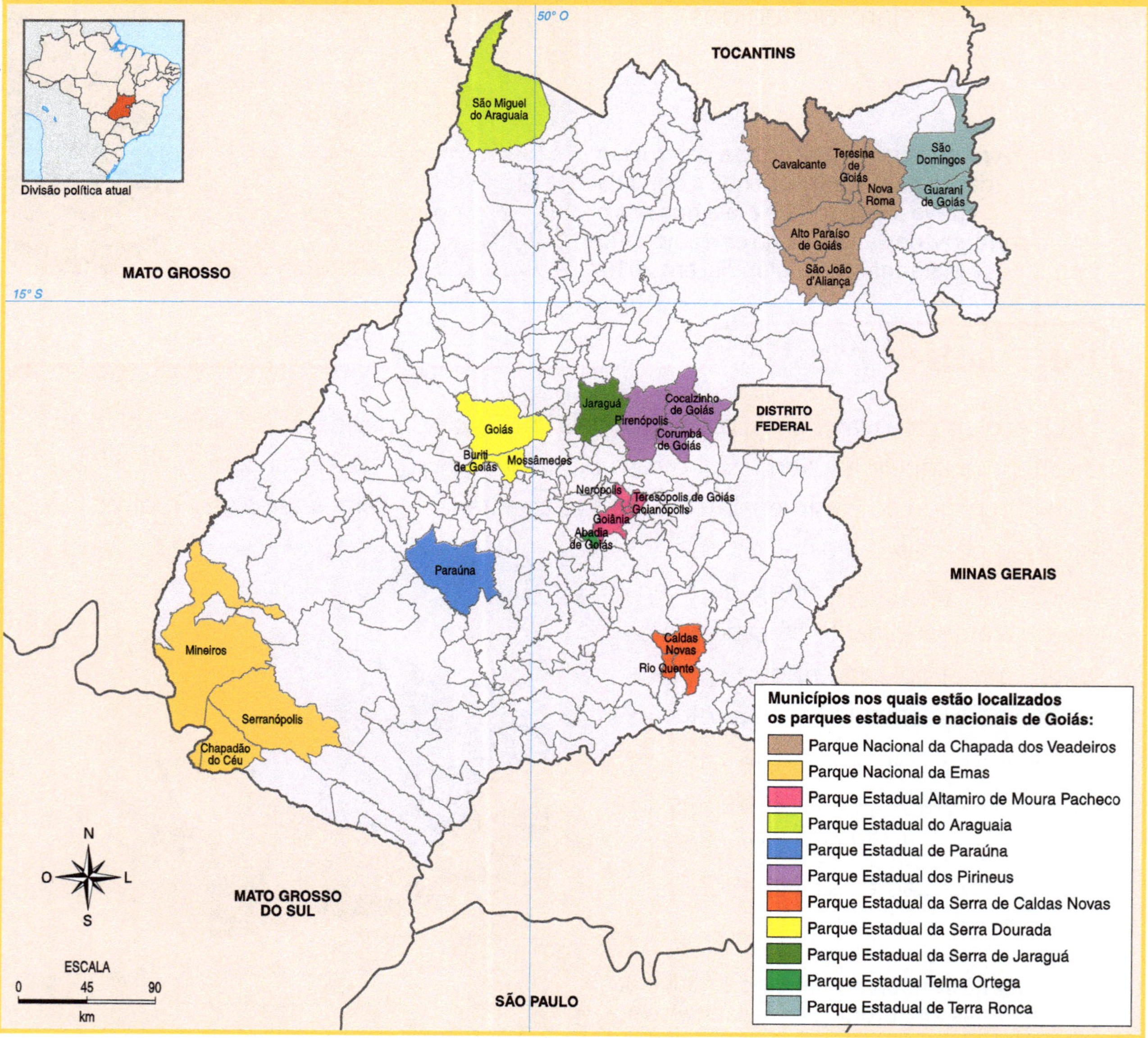

Organizado com base em: **Secretaria do Meio Ambiente e dos Recursos Hídricos**. Disponível em: <www.agenciaambiental.go.gov.br>. Acesso em: 11 mar. 2011.

Esses parques têm importância vital na preservação do meio ambiente no estado de Goiás. Entretanto, existem muitos outros locais que devem ser preservados. Quer um exemplo? Olhe ao seu redor! Perto de sua casa ou de sua escola devem existir árvores, praças e parques que são verdadeiros patrimônios naturais da sua comunidade e que devem ser preservados; afinal, são eles que ajudam a melhorar a sua qualidade de vida e a de todas as pessoas com as quais você convive!

Para registrar em casa

1. Procure no dicionário o significado das palavras abaixo e, no caderno, transcreva aquele mais adequado ao contexto em que elas apareceram neste capítulo:

   a) retorcido;
   b) fascínio;
   c) degradação;
   d) lavoura;
   e) vital.

2. Os colonizadores trouxeram vários animais para Goiás: o gado bovino, o cachorro, o gato, o porco, a galinha, o cavalo. Qual foi a importância de cada um deles?

3. Com a ajuda de seus pais, tios ou avós, observe um quintal arborizado e faça uma lista das árvores existentes. Depois, pesquise quais delas são nativas do cerrado e quais vieram de outros lugares.

4. Observe novamente o mapa dos parques de Goiás e escreva no caderno o nome do parque que fica mais próximo da sua cidade.

Vamos fazer uma pesquisa

Converse com seus pais, tios, avós e professores sobre as formas de preservação do meio ambiente. Depois, com os colegas, converse sobre quais dessas formas de preservação podem ser aplicadas à sua comunidade. Em seguida, com a orientação dos professores de História, Ciências e Educação Física, façam uma visita ao parque mais próximo de sua escola e tentem aplicar as ideias discutidas de modo a ajudar na preservação desse local.

RICARDO GIROTTO/ARQUIVO DA EDITORA

Patrimônio Histórico Natural pelo mundo

Parque Nacional de Virunga, no Congo

PETER ANDREWS/REUTERS/LATINSTOCK

Gorilas alimentando-se no Parque Nacional de Virunga, no Congo, em foto de 2008.

Os parques nacionais da Chapada dos Veadeiros e das Emas, situados em Goiás, são as duas reservas mais significativas do cerrado e, por isso, foram reconhecidas pela Unesco como patrimônios naturais da humanidade.

Os parques nacionais, porém, existem em várias partes do mundo. Um deles é o Parque Nacional de Virunga, situado no Congo, no continente africano.

Reconhecido pela Unesco como Patrimônio Natural da Humanidade em 1979, o Virunga é um verdadeiro santuário da vida selvagem africana. Com 300 quilômetros de extensão e 150 quilômetros de largura, abriga os grandes animais originários do continente africano, como os gorilas, as girafas, os elefantes, os leões e vários outros, que ali vivem em liberdade. O Parque Nacional de Virunga é o mais antigo parque ecológico africano – fundado em 1925 – e se destaca ainda pela paisagem diversificada: há montanhas altíssimas, com mais de 5 000 metros de altitude cobertas por neve, vulcões ativos, florestas, savanas, bambuzais e áreas alagadas.

Coisas da nossa terra

Hamilton Carneiro, formado em Letras pela Universidade Federal de Goiás, é um grande conhecedor da cultura popular e da natureza de Goiás. Apresentador de um tradicional programa de TV que divulga a música e os costumes do estado, escreveu com Genésio Tocantins a letra da música "Frutos da terra", que descreve muitas frutas existentes em Goiás. Vamos ler.

RICARDO RAFAEL/O POPULAR/FUTURA PRESS

Hamilton Carneiro

Frutos da terra

Periquito tá roendo o coco da guariroba
Chuvinha de novembro amadurece a gabiroba
Passarinho voa aos bandos em cima do pé de manga
No cerrado é só sair e encher as mãos de pitanga

Tem guapeva lá no mato
No brejinho tem ingá
No campo tem curriola, murici e araçá
Tem uns pés de marmelada

Depois que passa a pinguela
Subindo pro cerradinho, mangaba e mama-cadela
Cajuzinho quem quiser é só ir buscar na serra
E não tem nada mais doce que araçá dessa terra

Manga, mangaba, jatobá, bacupari
Gravatá e araticum, olha o tempo do pequi
Tem guapeva lá no mato
No brejinho tem ingá

No campo tem curriola, murici e araçá
Tem uns pés de marmelada
Depois que passa a pinguela
Subindo pro cerradinho, mangaba e mama-cadela

Frutos da terra, de Genésio Tocantins e Hamilton Carneiro. Poesia & Cantos, 1996.

RICARDO GIROTTO/ARQUIVO DA EDITORA

Você conhece algumas das frutas citadas na letra da música **Frutos da terra**? Quais?

Observe abaixo algumas delas.

HAROLDO PALO JR./KINO.COM.BR

manga

HAROLDO PALO JR./KINO.COM.BR

pitanga

HAROLDO PALO JR./KINO.COM.BR

gabiroba

HAROLDO PALO JR./KINO.COM.BR

ingá

ANTONIO PUGÁS/KIMAGE

mama-cadela

CLAUDIO LARANGEIRA/KINO.COM.BR

mangaba

GERALDO LUIZ GOMES DA SILVA/KIMAGE

marmelo

Faça uma pesquisa e responda às seguintes questões no caderno.

1. Cite três frutas nativas do cerrado.
2. Cite três frutas não nativas.
3. A letra da música fala de "chuvinha de novembro". Com o auxílio do professor de Geografia, responda:
   a) Em qual estação do ano o mês de novembro está inserido?
   b) Qual é a época de chuva em Goiás?
4. A música cita uma palavra interessante: "pinguela". Pergunte aos seus tios, pais ou avós qual é o significado dessa palavra.

Capítulo 7

A construção de Goiânia

Pense no seguinte: por que construir um edifício na forma de navio num lugar onde não há nenhum grande rio navegável nem mar por perto?

A ideia pode parecer um pouco estranha, mas existe um edifício em Goiânia que se parece com um navio.

Você sabe qual é?

É o Teatro Goiânia, localizado entre as avenidas Tocantins e Anhanguera. Esse edifício foi inaugurado em 12 de junho de 1942 como parte das comemorações pelo Batismo Cultural de Goiânia, uma espécie de festa de inauguração da cidade. Naquela época, a imagem de navios e aviões transmitia a ideia de velocidade, de desenvolvimento e modernidade. Daí a forma do Teatro Goiânia.

Tanto esse prédio quanto as outras construções próximas à Praça Cívica foram projetados num estilo arquitetônico muito comum na época e têm sido preservados desde então, para que prédios novos não destruam essa identidade, essa característica do momento histórico em que Goiânia foi projetada. Mas, afinal, por que se teve a ideia de transferir a capital do estado de cidade de Goiás para uma nova cidade, erguida especialmente para ser a nova capital?

A pessoa que melhor conhece toda essa história é o professor Nasr Chaul. Numa conversa que tivemos com ele, andando pela Avenida Goiás, ele nos contou um pouco dessa história. E agora nós a contamos para você.

MARIO YOSHIDA/ARQUIVO DA EDITORA

GOIÂNIA: CENTRO DA CIDADE

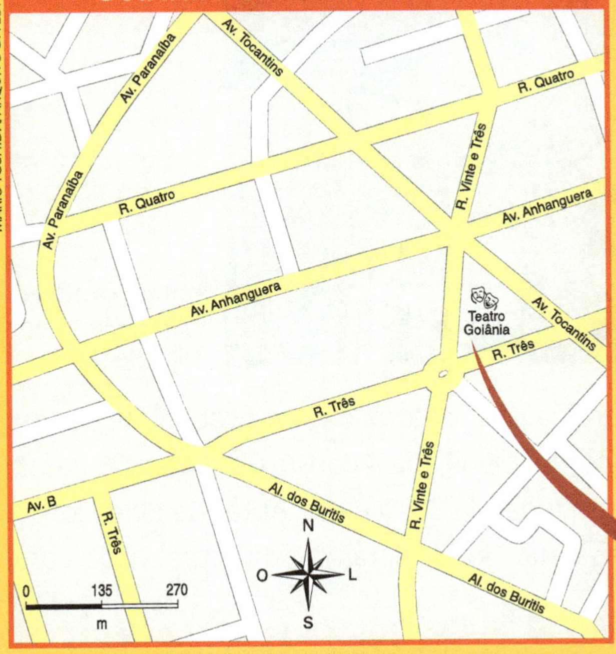

Adaptado de Google Maps. Disponível em: <http://maps.google.com.br/maps?hl=pt-br&biw=14368bih=669&q=teatro+goiania>. Acesso em: 2 fev. 2011. Planta organizada pelos autores.

DORIVAL MOREIRA/PULSAR IMAGENS

Teatro Goiânia.
Observe como suas formas lembram a frente de um grande navio. Foto de 2004.

A ideia de mudança da capital de Goiás

Desde meados do século XIX, vez por outra, alegava-se que as condições estruturais da cidade de Goiás não eram adequadas a uma capital de estado e, portanto, já havia a ideia de mudá-la. Essas críticas partiam principalmente dos administradores, enviados a Goiás pela capital do país – o Rio de Janeiro.

As críticas eram quase sempre as mesmas: muitos morros em volta, que dificultavam o crescimento da cidade, má localização geográfica, poucas condições de higiene etc. Entretanto, em razão das condições políticas e financeiras, nenhum administrador levava adiante essa ideia de mudar a capital de Goiás. Além disso, apesar dos fortes argumentos favoráveis à mudança, existia o vínculo emocional e econômico de muitas famílias tradicionais da cidade de Goiás, que não desejavam a mudança, temendo que a antiga capital fosse abandonada caso ocorresse a transferência.

Para saber mais...

DOUGLAS COMETTI/FOLHAPRESS

Ouro Preto, antiga capital de Minas Gerais, em foto de 2010.

Goiânia não foi a primeira cidade construída para se tornar a nova capital de um estado no Brasil. Antes de Goiânia, Belo Horizonte foi planejada e construída em 1896 para ser a nova capital do estado de Minas Gerais, em lugar de Ouro Preto. Antes de Belo Horizonte, ainda, a cidade de Teresina, capital do estado do Piauí, também foi projetada com o mesmo objetivo.

Depois de Goiânia, duas outras cidades foram construídas no Brasil para se tornarem capitais: Brasília, o projeto mais importante e ambicioso – que substituiria em 1960 o Rio de Janeiro como capital do país –, e Palmas, construída em 1989 para ser a capital do então recém-criado estado do Tocantins.

No entanto, apenas em 1933 é que se começou a desenvolver um projeto para a construção de uma nova capital para o estado de Goiás. Contratou-se então um importante urbanista carioca, chamado Atílio Correa Lima, para desenhar a forma das ruas, dos setores, a localização dos principais prédios públicos, do comércio, da indústria e das moradias. Atílio Correa Lima projetou todo o centro da atual cidade de Goiânia – naquela época, prevista para ser ocupada por, no máximo, 50 mil habitantes. Quando uma cidade é construída dessa forma, com base em um trabalho de planejamento, recebe o nome de "cidade planejada".

A construção de Goiânia: um canteiro de obras

Construir a nova capital do estado de Goiás não foi tarefa fácil. Além de dinheiro, exigiu-se muito esforço dos mais de 4 mil trabalhadores contratados para erguer a cidade praticamente do nada. Esses trabalhadores vieram de muitos estados do país: Rio de Janeiro, São Paulo, Bahia, Minas Gerais... enfim, de todo o Brasil. Chegavam, às vezes, sozinhos, às vezes com toda a família, àquele grande canteiro de obras que era Goiânia.

Os trabalhadores, na maioria das vezes, instalavam-se em dois locais: às margens do Rio Botafogo, onde atualmente se localiza a Vila Nova, ou então no Bairro Operário, próximo à Avenida Independência.

A situação desses trabalhadores também não era fácil.

Os salários costumavam atrasar durante meses. Como forma de protesto, os operários faziam greves ou trabalhavam mais lentamente, atrasando o ritmo das construções.

Para saber mais...

"Pé de pato", "teia de aranha". Assim foi apelidado o traçado original de Goiânia! Quem teve a ideia de desenhá-lo foi o primeiro arquiteto e urbanista do Brasil, o jovem Atílio Correa Lima. Nascido no Rio de Janeiro, Atílio estudou na França e elaborou o plano urbano de Goiânia inspirado no modelo francês do Palácio de Versalhes. Até aquele momento, nenhuma cidade brasileira havia sido projetada daquela forma. Os principais edifícios da Praça Cívica foram construídos com passarelas cobertas, uma inovação para a época.

AUTORIA DESCONHECIDA/ARQUIVO DA EDITORA

Com o projeto da cidade de Goiânia, o arquiteto e urbanista Atílio Correa Lima escreveu seu nome na história de Goiás e do Brasil.

A obra ainda demandava o trabalho de profissionais especializados, máquinas e equipamentos modernos, que demoravam a chegar ao local e custavam muito dinheiro.

Em razão das dificuldades, muita coisa acabou sendo improvisada. A torre do relógio da Avenida Goiás, por exemplo, foi construída sem a supervisão de um engenheiro, e, na ausência de um trator, bois eram usados para puxar o rolo de concreto que auxiliava na pavimentação das ruas.

Desse ambiente duro, difícil, repleto de problemas, o grande escritor Monteiro Lobato, criador do *Sítio do Picapau Amarelo*, que visitou Goiânia nesse período, deixou uma frase engraçada:

"Goiânia, cidade linda que encanta e seduz, de dia falta água, de noite não tem luz.".

Explorando as imagens

Observe as imagens a seguir. São plantas da antiga capital de Goiás, Vila Boa – antigo nome da cidade de Goiás –, e de Goiânia.

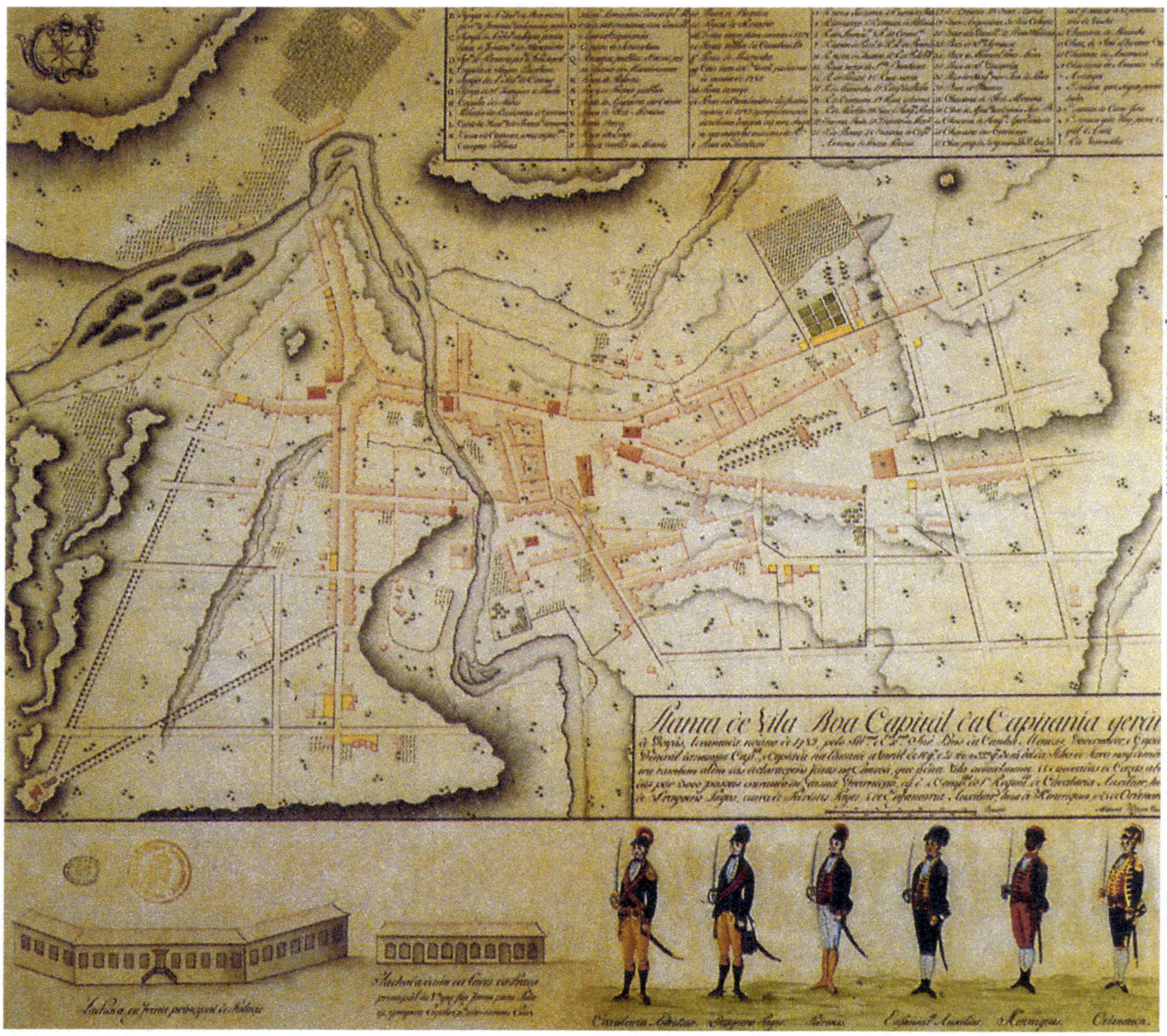

MANOEL RIBEIRO GUIMARÃES/ARQUIVO HISTÓRICO ULTRAMARINO, LISBOA

Planta urbana de Vila Boa, em 1782.

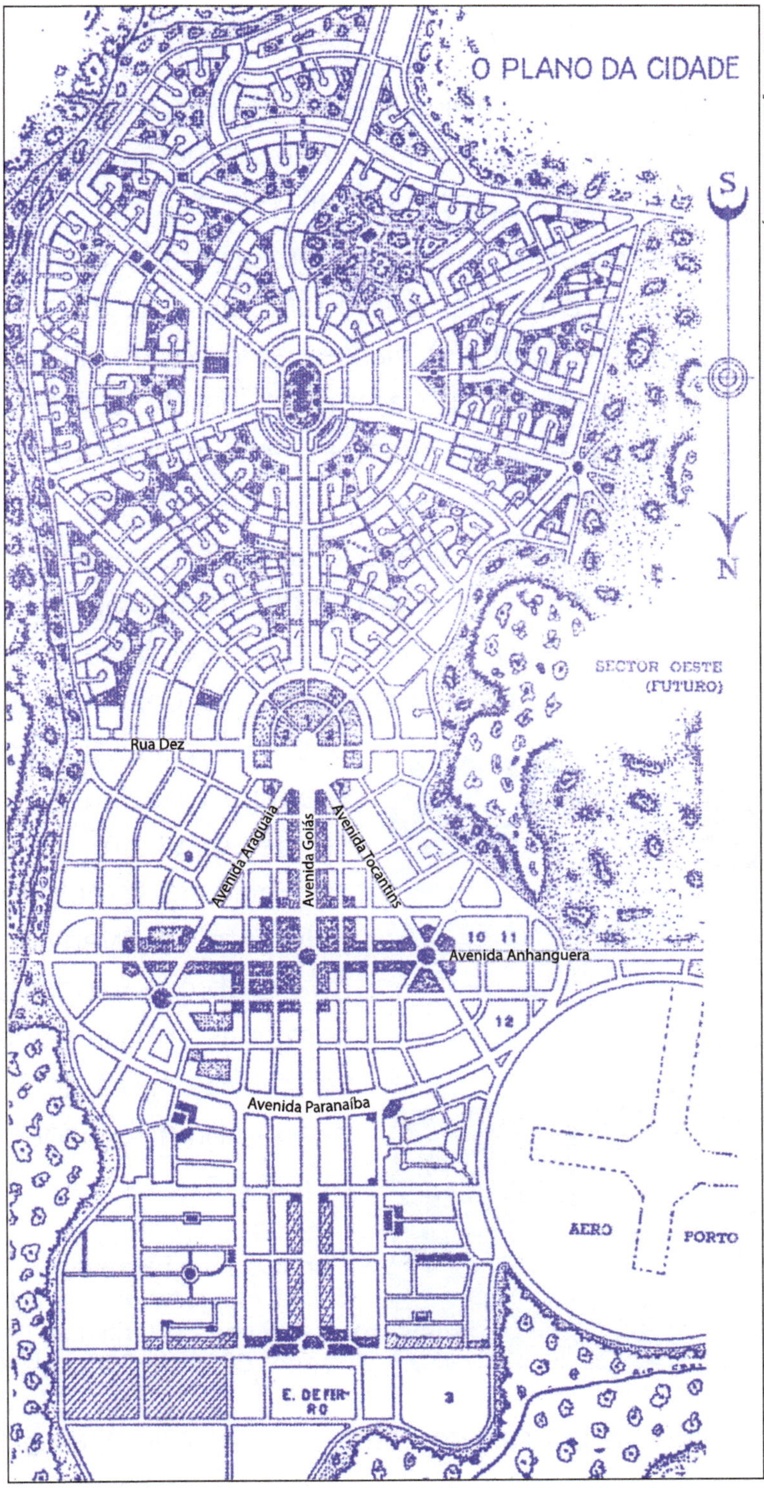

AUTORIA DESCONHECIDA/MINISTÉRIO DA INTEGRAÇÃO NACIONAL

RICARDO GIROTTO/ ARQUIVO DA EDITORA

Faça as seguintes atividades no caderno.

1. Na planta de Vila Boa, a cidade pode ser facilmente dividida em duas partes. Você pode dizer qual seria essa linha que dividiria as duas partes?

2. Na planta de Goiânia, existe um ponto que parece ser o centro do desenho e de onde partem muitas ruas. Atualmente, esse lugar é bastante conhecido em Goiânia. Você sabe dizer que ponto é esse?

3. Na planta de Goiânia, existe uma cruz, virada de cabeça para baixo, na parte inferior à direita. O que ela representa?

4. Comparando as duas plantas, qual delas parece ter as ruas mais organizadas?

5. Em sua opinião, por que foi dado o nome de Araguaia, Tocantins e Paranaíba a avenidas da nova capital? Converse sobre esse assunto com os colegas e o professor.

Goiânia: uma cidade dentro de muitas cidades

Você já percebeu que a cidade de Goiânia, construída a partir de 1933, modificou-se ao longo do tempo. Entretanto, alguns lugares da cidade ainda nos remetem à Goiânia do passado, à época de sua construção. O setor Campinas é um exemplo.

Bairro atual de Goiânia, ele não estava no plano urbanístico. Ao contrário, Campinas era um pequeno município, fundado em 1810, que se ligou inicialmente a Bomfim (atual Silvânia) e, depois, a Barro Preto (atual Trindade). Nasceu ao redor do santuário de Nossa Senhora do Perpétuo Socorro, atual Matriz de Campinas. Quando foi apresentada a proposta de construção de uma nova capital, escolheu-se Campinas para ser uma espécie de centro de apoio à construção.

Assim, a Campininha, como era chamada, passou a ser o local onde as pessoas que construíam a nova capital compravam mantimentos e iam se divertir um pouco. Em Campinas é que foi fundado, inclusive, o primeiro time de futebol de Goiânia, o Atlético Clube Goianiense. Com o desenvolvimento da cidade de Goiânia, Campinas acabou incorporada à nova capital. Atualmente, apesar de existir um intenso comércio no setor, principalmente na Avenida 24 de Outubro, ao andar por Campinas ainda se podem ver muitas casas antigas, que lembram o pequeno município.

DIOMÍCIO GOMES/FUTURA PRESS

Campinas é um bairro de Goiânia, mas já foi um município que, atualmente, teria mais de 200 anos de idade. Foto de 2003.

Outro lugar muito bonito e que nos faz pensar em como eram as primeiras casas em Goiânia é a Rua 24, no centro. Muitas casas daquela rua são bastante antigas e continuam preservadas. Fica ali, por exemplo, o primeiro edifício que abrigou a prefeitura de Goiânia. Mais recente é a Vila Mutirão, na região noroeste da cidade. Tem esse nome porque foi construída sob a forma de ajuda mútua, ou seja, o governo do estado doou os terrenos e os materiais para a construção, e os moradores, juntos, construíram suas casas, uns ajudando os outros! Esses são apenas alguns dos exemplos que demonstram que a história da cidade de Goiânia não acaba com a sua construção. Do mesmo modo, toda cidade possui sua história e está em constante mudança.

Explorando as imagens

Você já observou atentamente a forma das construções de Goiânia? Muitas pessoas moram em prédios altos, ou mesmo em conjuntos residenciais, na maioria das vezes com fornecimento de água, energia elétrica, esgoto e ruas pavimentadas. Mas nem sempre foi assim. Desde a época da construção de Goiânia, os tipos de habitação e as condições de vida se modificaram e continuam se modificando. No início da construção de Goiânia, por exemplo, muitas casas eram feitas de massapé e palha.

JACEK/KINO.COM.BR

Prédio em Goiânia. Foto de 2009.

O POPULAR/FUTURA PRESS

Rancho de palha em Goiânia. Foto de 1936.

KIM-IR-SEN/ACERVO DO FOTÓGRAFO

Casa em estilo *art déco* em Goiânia. Foto de 2011.

Faça as seguintes atividades no caderno.

1. Quando, aproximadamente, cada uma dessas construções foi erguida?
2. Que tipo de roupa as pessoas estão vestindo na primeira imagem?
3. Que atividade está sendo desenvolvida na primeira imagem?
4. Que tipo de material foi utilizado nas construções da primeira imagem? E da segunda?
5. Como você acha que as pessoas da primeira foto faziam para se locomover? E no caso da terceira foto?
6. Você conseguiria descrever o que há em sua casa?
7. No caderno, desenhe algumas das coisas que você acha que havia na habitação da primeira fotografia e na da terceira.

Goiânia nas décadas de 1960 e 1970

Inaugurada na década de 1940, Goiânia teve um crescimento populacional intenso nas décadas de 1960 e 1970. A construção de Brasília, a 200 quilômetros da nova capital do estado, atraiu muita gente para Goiás e, consequentemente, para Goiânia. Veja no gráfico ao lado como foi intenso o aumento da população goianiense nesse período.

CRESCIMENTO DEMOGRÁFICO DE GOIÂNIA: 1940-1980

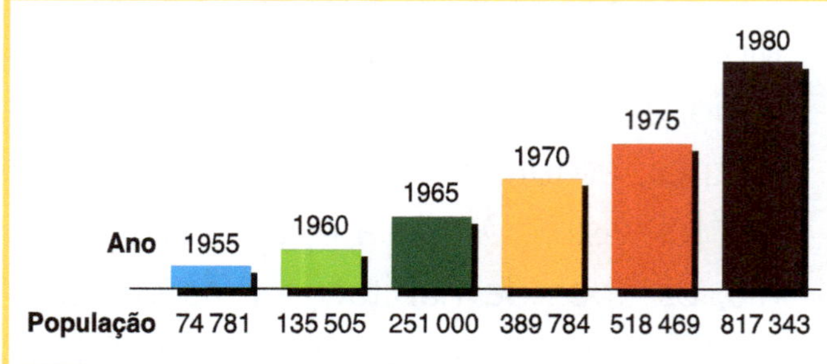

Fonte: IBGE. **Censos demográficos de 1940 a 1980.**

Nesse período, a cidade de Goiânia modernizou-se muito. A inauguração da Usina Hidrelétrica de Cachoeira Dourada melhorou o fornecimento de energia elétrica. Em 1973, foi inaugurado o Estádio de Futebol Serra Dourada, um dos mais modernos do país. Os torcedores do Atlético, do Goiás e do Vila Nova passaram a ter um espaço enorme para assistir aos jogos de futebol de seus times. Nesse mesmo ano, foi inaugurado o Autódromo Internacional de Goiânia, atualmente Autódromo Ayrton Senna.

Além dos esportes, a educação também recebeu incentivos. Em 1959, foi fundada a Universidade Católica de Goiás e, um ano depois, era inaugurada a Universidade Federal de Goiás.

Biblioteca Municipal Marietta Teles Machado na Praça Universitária. Foto de 2010.

JACEK/KINO.COM.BR

Para saber mais...

Antes de 1960, a capital do Brasil era o Rio de Janeiro. No entanto, desde o século XIX havia propostas para construir uma nova capital do Brasil, mais centralizada e que impulsionasse o desenvolvimento do interior do país. Quando foi eleito presidente, Juscelino Kubitschek assumiu a responsabilidade de construir a nova capital. O local escolhido foi Goiás, por causa de sua posição geográfica centralizada. A construção de Brasília teve início em 1956, e a nova capital foi inaugurada em 1960, provocando um intenso crescimento das cidades localizadas no entorno de Goiânia.

História da minha cidade

Aparecida de Goiânia

A história da cidade de Goiânia não pode ser contada sem se falar da relação entre a capital do estado de Goiás e as cidades que a circundam.

Um dos municípios mais importantes da região metropolitana de Goiânia é Aparecida de Goiânia. Sua origem remonta a 1922, quando foi construída no local uma pequena capela em homenagem a Nossa Senhora Aparecida. Nessa época, os padres de Campinas percorriam as estradas em lombos de animais para rezar missas na capelinha de Aparecida. A partir daí, ao seu redor, começaram a surgir algumas casas, que acabaram formando um pequeno povoado, que recebeu o nome de Aparecida. Algum tempo depois, o povoado foi rebatizado de Goialândia, uma junção do nome Goiânia com Hidrolândia, mas os moradores não gostaram muito e preferiram manter o nome original. Somente em 1963 é que Aparecida de Goiânia tornou-se um município autônomo, separando-se de Hidrolândia. A partir de então, foram criados muitos assentamentos para atender às famílias que não tinham onde morar.

GOIÁS: LOCALIZAÇÃO DE APARECIDA DE GOIÂNIA

MARIO YOSHIDA/ARQUIVO DA EDITORA

Adaptado do **Atlas geográfico escolar**. Rio de Janeiro: IBGE, 2009. p. 180.

Patrimônio histórico pelo mundo

Palácio de Versalhes

Este é o Palácio de Versalhes, na França. As formas de seus jardins serviram de inspiração para a elaboração da planta urbana de Goiânia. O traçado dos jardins lembra a forma das principais avenidas de Goiânia.

Vista parcial do Palácio de Versalhes e seus jardins. Foto de 2009.

FILIP FUXA/SHUTTERSTOCK/GLOWIMAGES

Coisas da nossa terra

Yêda Schmaltz (1941-2003) foi uma das grandes poetisas goianas. Ela nasceu em Recife, Pernambuco, mas sempre viveu em Goiás, e ganhou inúmeros prêmios por todo o Brasil com seus livros. Leia agora um trecho de um de seus poemas.

Declaração de bens

Escolhi para mim
– cabeça de poeta,
adolescência pura –
o que não deveria escolher
vivendo no Terceiro Mundo:
dediquei minha vida
à Educação e à Cultura.
Professora da Universidade Brasileira,
não pude comprar fazenda,
chácara, terreno ou boi,
(essa goiana maneira de ser).
Eu só pude criar,
no meu curral de sonho,
o canto do cavalo,
o canto da boiada
em poesia aberta e hermética;
essa boiada que tanto aflige,
ruminando na janela
da minha aula de Estética.
(...)

DIOMICIO GOMES/O POPULAR/FUTURA PRESS

A poetisa goiana Yêda Schmaltz em foto de 1999.

Yêda Schmaltz. Disponível em: <www.antoniomiranda.com.br/poesia_brasis/goias/yeda_schmaltz.html#p>. Acesso em: 21 dez. 2010.

Faça as seguintes atividades no caderno.

1. A pessoa que fala no poema (eu poético) descreve um pouco do seu trabalho. Você sabe dizer em que ela trabalha?

2. Num dos versos, o eu poético fala de uma "goiana maneira de ser". Segundo ele, como seria essa maneira?

Capítulo 8

Goiás contemporâneo

Goiânia é uma cidade que possui muitos monumentos públicos, tais como: o Monumento das Três Raças, na Praça Cívica; o Monumento do Bandeirante, no cruzamento das avenidas Goiás e Anhanguera; O Cruzeiro, na Praça do Cruzeiro, no Setor Sul; o Monumento Amor de Mãe, na Praça das Mães, no Setor Oeste; o Busto de Padre Pelágio, em frente ao terminal de mesmo nome.

Cada um desses monumentos pretende homenagear alguém ou um grupo de pessoas. No entanto, existe em Goiânia um monumento que não pretende homenagear ninguém, mas apenas lembrar um acontecimento triste – o acidente com o césio 137. Trata-se do Monumento à Paz Mundial, localizado no Bosque dos Buritis, no Setor Oeste, um dos bairros mais conhecidos da capital.

Com a forma de uma ampulheta gigante, esse monumento de concreto tem 5 metros de altura e pesa 50 toneladas (o peso de cinquenta Fuscas!). O centro do monumento é feito de vidro, onde se veem porções de terra trazidas de quase 50 países. A frase "A Terra é um só país, e os seres humanos seus cidadãos." está inscrita nesse monumento.

JACEK/KINO.COM.BR

O Monumento à Paz Mundial foi construído pelo artista plástico goiano Siron Franco e inaugurado em 20 de setembro de 1988. Foto de 2010.

Diferentemente de todos os outros lugares que visitamos, em que sempre fomos acompanhados por alguém, poucas pessoas quiseram falar conosco sobre o acidente com o césio 137. Por isso, resolvemos investigar por conta própria, andando pela cidade e nos perguntando como, nesses últimos trinta anos, Goiânia e o estado de Goiás se desenvolveram, marcados pela tragédia daquele acidente.

Goiás na década de 1980

A década de 1980 foi difícil para o povo brasileiro: Tancredo Neves, primeiro presidente civil eleito depois do fim da ditadura militar, morreu antes da posse; a hiperinflação e o aumento da dívida externa brasileira marcaram a economia; nem mesmo no futebol o Brasil conquistou alegrias e foi eliminado das duas Copas do Mundo da década – em 1982 e em 1986. Por isso, essa década ficou na memória coletiva brasileira como a "década perdida".

GLAUCO/FOLHAPRESS

A inflação foi um grande problema brasileiro na década de 1980, como mostra a charge de Glauco com o então presidente Sarney publicada na **Folha de S.Paulo** de 22/12/86.

Para saber mais...

Durante as décadas de 1960 e 1970, o Brasil vivia num regime político que não permitia às pessoas escolherem o presidente da República, os governadores de seus estados, nem os prefeitos de suas cidades. Essa época ficou conhecida como Ditadura Militar. Os militares tomaram o poder em 1964 e passaram a governar o país. Durante a ditadura, as pessoas contrárias ao governo eram reprimidas. Aqueles que resistiam e tentavam lutar contra o governo acabavam presos, torturados e, muitas vezes, mortos. A democracia só foi restabelecida no Brasil em 1984, depois de muita luta dos cidadãos pela volta dos seus direitos e pressão popular.

Do ponto de vista político, a década de 1980 teve certa importância para o estado de Goiás. A partir de 1982, os goianos, depois de muito tempo, passaram a eleger diretamente seus governadores e, em 1988, o estado foi dividido, criando-se o estado de Tocantins.

No entanto, do ponto de vista social e econômico, a década de 1980 não foi nada boa. A cidade de Goiânia, por exemplo, passava por um grande crescimento da população: o número de habitantes, que era de 378 mil em 1970, havia passado para mais de 700 mil em 1980; em 1990, a população já ultrapassava os 900 mil habitantes. Com isso, os problemas urbanos, como a violência, a falta de moradia, o transporte público deficiente e a falta de esgoto e asfalto, só aumentavam.

Além disso, não foi só Goiânia que cresceu na década de 1980. As cidades situadas a sua volta também viram a população crescer bastante. Veja o gráfico ao lado.

CRESCIMENTO POPULACIONAL DAS CIDADES DO ENTORNO DE GOIÂNIA ENTRE 1970 E 1990

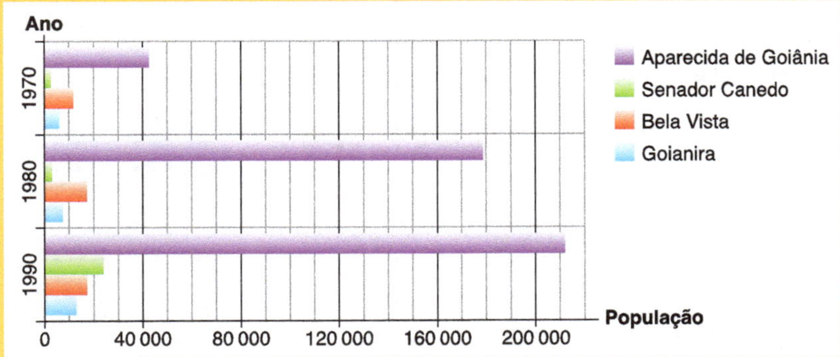

Fonte: **Goiânia em dados**. Goiânia: Ed. da UCG, 1996. p. 10.

História da minha cidade

Senador Canedo

JACEK/KINO.COM.BR

Vista geral de Senador Canedo com polo petroquímico ao fundo. Foto de 2010.

GOIÁS: LOCALIZAÇÃO DE SENADOR CANEDO

MARIO YOSHIDA/ARQUIVO DA EDITORA

Adaptado do **Atlas geográfico escolar**. Rio de Janeiro: IBGE, 2009. p. 180.

A cidade de Senador Canedo é, atualmente, uma das principais cidades de Goiás. A sua origem está ligada a um acampamento de trabalhadores que construíam uma estrada de ferro. Esse acampamento cresceu e transformou-se em um pequeno povoado, com o nome de "Esplanada". Quando a estrada de ferro ficou pronta, foi construída uma estação com o nome de Senador Canedo, uma homenagem ao senador Antônio Amaro da Silva Canedo, antigo proprietário de terras da região. Em 1953, o povoado tornou-se distrito de Goiânia, mas só em 1988 Senador Canedo tornou-se uma cidade independente. A partir de 1996, quando a Petrobras instalou-se na cidade, atraindo novas empresas e novos moradores, Senador Canedo começou a crescer em ritmo acelerado.

No final da década de 1980, a população de Goiânia, somada à população das cidades próximas, já beirava 1 milhão e 300 mil habitantes. Esse grande número de pessoas precisava estudar, trabalhar, divertir-se, morar com dignidade, ter segurança e saúde – um grande desafio para os políticos e governantes.

No entanto, nem todos consideravam esse crescimento demográfico um problema. Muitos até gostavam: a cidade estava se desenvolvendo, tornando-se moderna, cheia de prédios altos. Tinha até um *shopping center*! Foi em meio a tudo isso que aconteceu a tragédia com o césio 137.

Nas décadas de 1970 e 1980 Goiânia cresceu muito, aumentando a quantidade dos edifícios de apartamentos. Foto de 2010.

JACEK/KINO.COM.BR

O acidente radioativo com o césio 137

Em setembro de 1987, a população de Goiânia estava empolgada. A cidade era palco do Grande Prêmio Mundial de Motociclismo, no Autódromo Internacional de Goiânia. Pelas ruas circulavam jornalistas estrangeiros, pilotos, motocicletas potentes e muitos turistas. Havia sido difícil tornar-se sede da corrida de motos, já que grandes cidades brasileiras também tinham se interessado pelo evento. Por isso, os goianienses estavam orgulhosos de sediar uma competição internacional.

GOOGLE EARTH/DIGITALGLOBE

Construído em 1973, o Autódromo Internacional Ayrton Senna foi palco de importantes corridas em Goiás. Foto de 2011.

Porém, naqueles dias de euforia, uma tragédia estava prestes a acontecer. Bem no centro de Goiânia funcionava uma clínica radiológica, especializada em fazer exames de raios X. A clínica havia se mudado, o prédio, abandonado, mas um pesado aparelho radiológico ficou no local. Dois jovens catadores de papel acabaram encontrando o aparelho, quebraram-no a marretadas e levaram uma pesada peça de chumbo para casa, planejando vendê-la para um ferro-velho.

Os jovens não sabiam que aquela peça pesada de chumbo continha no interior um elemento químico muito perigoso, chamado césio 137. Manipulado com cuidado e protegido dentro do aparelho, esse elemento emite uma radiação que ajuda no tratamento do câncer; em doses aplicadas rapidamente, essa radiação mata as células doentes. No entanto, se alguém ficar muito tempo em contato direto com o césio, corre sérios riscos de ficar doente e até mesmo morrer envenenado pela radiação química.

Inocentemente, os jovens levaram a peça para casa, no Bairro Popular, bem próximo ao centro de Goiânia. Logo depois, venderam o material para um ferro-velho no Setor Aeroporto. O dono do ferro-velho abriu o chumbo, deparou com o césio 137 e ficou fascinado com a luz azul que o metal emitia no escuro. Por isso, começou a distribuir o "pozinho de césio" para seus parentes e amigos, aumentando ainda mais a contaminação por radiação. O caso mais grave foi o da garota Leyde das Neves, uma menina de 6 anos que brincou com o metal e ingeriu um pouco dele ao comer pão com as mãos sujas do pó. A garota, primeira vítima fatal do césio, morreu dias depois, sendo enterrada num pesado caixão de chumbo, material que isola a radiação. No mesmo dia morreu Maria Gabriela, tia de Leyde, a segunda vítima do acidente radioativo.

As pessoas foram ficando doentes e não sabiam o motivo. Algumas não sentiam mais o sabor dos alimentos, tinham crises de vômito, dores no corpo e queimaduras na pele. Nem os médicos, no início, sabiam o que estava acontecendo. Até que a esposa do dono do ferro-velho, Maria Gabriela Ferreira Alves, suspeitou que a doença que estava afetando as pessoas de sua casa poderia ter relação com aquela peça que brilhava no escuro. Ela levou o material até a Vigilância Sanitária e lá detectaram que, de fato, tratava-se de radiação química. No dia 29 de setembro de 1987, descobriu-se que uma pequena parte da população da cidade de Goiânia estava contaminada pela radiação.

A partir desse dia, a população goianiense viveu dias de terror. Ninguém sabia direito o que estava acontecendo, e as manchetes dos jornais apenas aumentavam o medo e o desespero da população.

Para piorar, houve um grande preconceito em relação à população goiana: os hotéis de outros estados não aceitavam receber turistas goianos e nenhum estado queria comprar as mercadorias goianas, acarretando sérios prejuízos econômicos à cidade e ao estado.

Para descontaminar a cidade, era preciso demolir as casas onde se detectava radioatividade. Derrubavam-se ainda as árvores e raspava-se a terra, formando uma enorme montanha de lixo radioativo. Como ninguém queria receber esse lixo, a solução foi criar um depósito em Abadia de Goiás, cidade bem próxima a Goiânia. Lá as toneladas de material contaminado foram enterradas sob grossas paredes de concreto.

Técnicos da Comissão Nacional de Energia Nuclear (CNEN) com roupas especiais medindo a radioatividade em Goiânia depois do acidente com o césio 137. Foto de 1987.

JOÃO RAMID/ARQUIVO DA EDITORA

SILVANA PALHARES/ARQUIVO DA EDITORA

Parte do material radioativo de Goiânia foi armazenada em tonéis de ferro e levada para um depósito em Abadia de Goiás. Foto de 1991.

No que se refere aos aspectos humanos, o acidente com o césio 137 matou quatro pessoas até outubro de 1987 e deixou centenas de outras contaminadas, que desenvolveram várias doenças ao longo dos anos. Considerado um dos maiores desastres radioativos de todos os tempos, o acidente marcou a história de Goiás. Descobriu agora por que o artista Siron Franco fez o Monumento à Paz Mundial?

Explorando os documentos

Na primeira semana de outubro de 1987, os jornais goianienses estamparam em suas capas manchetes sobre o acidente com o césio 137. Vamos lê-las.

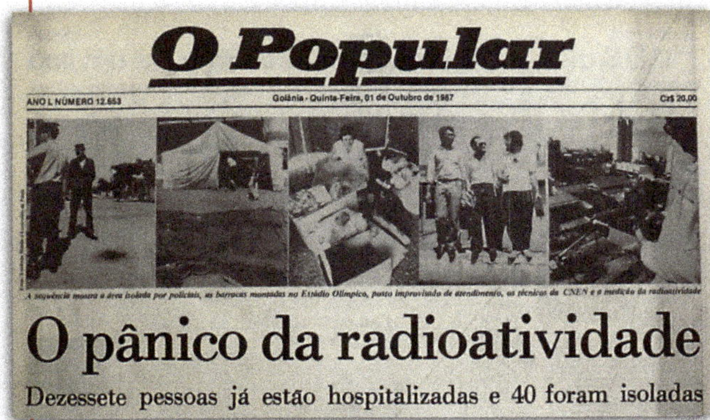

O Popular

ANO L NÚMERO 12.653 — Goiânia - Quinta-Feira, 01 de Outubro de 1987 — Cz$ 20,00

O pânico da radioatividade

Dezessete pessoas já estão hospitalizadas e 40 foram isoladas

WILDES BARBOSA/O POPULAR/FUTURA PRESS

O Popular

ANO L NÚMERO 12.655 — Goiânia - Sábado, 03 de Outubro de 1987 — Cz$ 20,00

RADIOATIVIDADE

Vítimas têm poucas chances

As providências

Páginas 6, 7 e editorial Medo dentro da incerteza

WILDES BARBOSA/O POPULAR/FUTURA PRESS

Cidade/Estado — O POPULAR

Três vítimas da radiação entre a vida e a morte

ARQUIVO DO JORNAL O POPULAR/FUTURA PRESS

O POPULAR — Cidade/Estado — Goiânia, 06/10/87 - 7

As dez vítimas da radiação têm 1 semana de vida

Os 6 pacientes do HGG

Os animais circulam pelas áreas interditadas e depois brincam com as crianças sem nenhum cuidado especial

Radiação será debatida

ARQUIVO DO JORNAL O POPULAR/FUTURA PRESS

- Muitas vezes, os jornais apressadamente divulgam notícias que geram medo na população. Escreva uma carta para o jornal criticando uma das mensagens acima por causar pânico na população.

Goiânia e Goiás depois do acidente radioativo

Depois de o césio ser totalmente enterrado, a população de Goiás prosseguiu com a sua vida. A década de 1980 terminou e vieram os anos 1990, a última década do século XX. Apesar da tragédia, o acidente deixou lições para a população goianiense.

A principal delas foi a preocupação com o meio ambiente. Antes do acidente radioativo, os grandes focos da maioria dos prefeitos eram o desenvolvimento econômico, o crescimento demográfico e a tecnologia. Não se quer dizer que esses aspectos não fossem importantes, mas era preciso se preocupar com algo mais: o meio ambiente e a qualidade de vida.

Depois do acidente, percebeu-se a necessidade de mudar a aparência da cidade. Por isso, os prefeitos, a partir dos anos 1990, investiram muito em parques, praças, jardins e na conservação do patrimônio histórico. Goiânia deixou de ser conhecida apenas como uma cidade moderna e planejada para se destacar também como uma das cidades que possuem a maior quantidade de árvores do mundo. Em 1996, Goiânia recebeu o título de "Cidade Ecologicamente Correta", mostrando essa nova tendência da cidade.

JACEK/KINO.COM.BR

Goiânia é admirada pela quantidade e pela beleza de seus parques. Parque Flamboyant em foto de 2010.

Essa determinação de Goiânia influenciou outras cidades de Goiás, estimulando as pessoas a se preocupar cada vez mais com a proteção do patrimônio histórico. A cidade de Goiás, por exemplo, a primeira capital do estado, passou por uma grande revitalização dos monumentos históricos. O esforço foi bem recompensado: no dia 27 de junho de 2001, a Unesco, órgão das Nações Unidas que cuida da educação e da cultura, reconheceu a cidade de Goiás como Patrimônio Histórico da Humanidade. Pouquíssimas cidades brasileiras possuem esse título, e os goianos devem se orgulhar bastante dele.

Para saber mais...

Meses depois de ter sido reconhecida como Patrimônio Histórico da Humanidade, a cidade de Goiás passou por uma triste situação. Por causa de uma forte chuva, no dia 31 de dezembro de 2001, o Rio Vermelho transbordou, inundando a parte histórica da cidade e destruindo importantes bens do patrimônio. Parecia um pesadelo: justamente no ano em que a cidade havia conquistado o tão precioso título da Unesco, ocorria essa tragédia!

ZHURAI MOHAMADE/O POPULAR/FOLHAPRESS

A enchente do Rio Vermelho, na cidade de Goiás, em 31 de dezembro de 2001, destruiu importantes monumentos históricos da cidade.

No entanto, a cidade de Goiás conseguiu se recuperar: hoje os monumentos estão restaurados, e a cidade recebe milhares de turistas, admiradores de sua arquitetura colonial e de suas festas e tradições centenárias.

Outra importante cidade goiana que viveu momentos marcantes foi Pirenópolis. O maior patrimônio cultural da cidade é a Igreja Matriz Nossa Senhora do Rosário, a mais antiga igreja de Goiás, construída ainda no início do século XVIII. Essa igreja é tão importante que foi o primeiro monumento goiano reconhecido como Patrimônio Histórico Brasileiro.

Porém, na madrugada do dia 5 de setembro de 2002, um grande incêndio destruiu quase completamente a igreja. O maior orgulho da cidade estava virando cinzas. A igreja era o principal símbolo da identidade coletiva daquele lugar: ao ser destruído, parte da identidade local ficou comprometida. Felizmente, depois de anos de trabalho de recuperação, a igreja foi restaurada e, em 2006, novamente aberta ao público.

PALÊ ZUPPANI/PULSAR IMAGENS

Depois de um intenso trabalho de restauração, a Igreja Matriz Nossa Senhora do Rosário, em Pirenópolis, foi novamente aberta à visitação pública. Foto de 2009.

Explorando os documentos

Uma matéria publicada num pequeno jornal de Pirenópolis no dia do incêndio da Igreja Matriz do Rosário demonstrou o quanto a população da cidade ficou abalada naquele dia. Leia um trecho dessa matéria.

"O dia 5 de setembro de 2002 jamais será esquecido pelos moradores de Pirenópolis. A maior calamidade que os pirenopolinos viveram é certamente esta: o incêndio na Igreja Matriz Nossa Senhora do Rosário. Inimaginável. Dantesco. Pavoroso. Terrível. Infernal."

Folha de Pirenópolis, Pirenópolis, 5 set. 2002. Biblioteca Municipal de Pirenópolis.

O jornal **O Popular**, de Goiânia, também abordou o assunto, como se pode ver pela foto ao lado publicada no dia 6 de setembro.

HELIO NUNES/O POPULAR/FUTURA PRESS

Igreja Nossa Senhora do Rosário após o incêndio.

1. Alguns objetos têm significado especial para nós porque nos trazem lembranças pessoais ou de entes queridos. Consulte seus pais e avós sobre qual objeto – uma foto, um móvel antigo, um livro etc. – é mais especial para a sua família. Ouça os motivos e, depois, conte essa história para seus colegas.
2. Na sua opinião, por que o incêndio da Igreja Matriz do Rosário provocou tanta tristeza em Pirenópolis?
3. Procure no dicionário o significado da palavra "dantesco" e transcreva-o no caderno.
4. Escreva uma carta a um amigo ou parente relatando o incêndio ocorrido na Igreja Matriz do Rosário de Pirenópolis. Use a palavra "dantesco" na carta.

Patrimônio histórico pelo mundo

Memorial da Paz de Hiroshima, no Japão

Neste capítulo você conheceu o Monumento à Paz Mundial em Goiânia, construído em memória do acidente radioativo ocorrido em 1987. Isso nos faz lembrar de outro monumento histórico semelhante, no Japão. Durante a Segunda Guerra Mundial, no dia 6 de agosto de 1945, a cidade japonesa de Hiroshima foi atacada pelos americanos com uma bomba atômica. Milhares de pessoas morreram, e a maior parte da cidade ficou destruída. No entanto, um edifício situado a 150 metros do centro da explosão atômica conseguiu resistir parcialmente ao desastre. Por isso, os japoneses decidiram preservar esse edifício em ruínas como uma lembrança da tragédia. As ruínas receberam o nome de Memorial da Paz de Hiroshima, reconhecido em 1996 como Patrimônio Histórico da Humanidade.

TORU HANAI/REUTERS/LATINSTOCK

Memorial da Paz de Hiroshima: os japoneses decidiram conservar esse edifício semidestruído para preservar a memória do ataque da bomba atômica à cidade de Hiroshima. Foto de 2007.

Para registrar em sala de aula

1. Sobre o Monumento à Paz Mundial em Goiânia, responda às questões:
   a) Geralmente no Dia Mundial do Meio Ambiente, o monumento recebe novas porções de terras, de diversos lugares do mundo. No caderno, escreva uma carta para o presidente de um país, convidando-o a enviar um pouco de terra ao monumento. Não se esqueça de contar a ele o propósito do monumento.
   b) Para você, qual é o significado da inscrição "A Terra é um só país, e os seres humanos seus cidadãos."?
   c) Consulte o significado da palavra "ampulheta" no glossário deste livro e explique como você interpreta o fato de esse monumento ter o formato de uma ampulheta.

2. Como você viu, a partir da década de 1980, a população de Goiânia cresceu em ritmo acelerado. Você prefere viver numa cidade grande ou numa cidade pequena? Justifique a sua resposta.

Coisas da nossa terra

Artista plástico é quem trabalha com pintura e escultura. Um dos artistas plásticos mais conhecidos do Brasil é Gersiron Alves Franco, conhecido como Siron Franco. Ele nasceu na cidade de Goiás em 1947 e viveu a infância em Goiânia. Em 1965, iniciou a carreira de pintor, tornando-se, mais tarde, mundialmente conhecido pelas inúmeras telas que pintou retratando o acidente radioativo de 1987 em Goiânia. A seguir, vamos apreciar uma das belíssimas telas do artista, chamada **Segunda vítima**.

JUAN GUERRA/AGÊNCIA ESTADO

O artista plástico goiano Siron Franco ficou conhecido mundialmente por suas obras sobre o acidente radioativo de Goiânia.

SIRON FRANCO/ACERVO DO ARTISTA

❶ Qual pessoa, vítima da radiação, está sendo representada na tela?

❷ Explique a utilização da cor meio azulada na tela.

❸ As vítimas do césio 137 foram isoladas para evitar a contaminação. Em que medida a tela mostra um sentimento de solidão? Justifique.

Uma conversa que continua

Chegamos ao final de nosso estudo, mas não ao final do nosso convite para que você conheça um pouco mais a história de Goiás, da sua cidade, da sua comunidade e de sua família.

Para isso, a melhor forma de continuar essa conversa é recuperar algumas das principais questões discutidas ao longo deste ano, começando pelo nosso patrimônio, nossa história.

Ao longo deste livro, destacamos alguns patrimônios culturais que fazem parte da história de Goiás. Foi por meio deles que começamos a desvendar vários momentos da história do nosso estado. Vamos revê-los?

As gravuras rupestres: feitas pelos primeiros habitantes do cerrado, nas grutas da cidade de Formosa, permitiram-nos estudar grupos humanos que viveram no atual estado de Goiás há cerca de 10 mil anos.

O pequeno grupo de indígenas Avá-Canoeiro: os sobreviventes dessa etnia que vivem numa aldeia no município de Minaçu nos permitiram entender como viviam os grupos indígenas que habitavam essas terras e de que forma foram praticamente extintos no processo de colonização.

O Museu das Bandeiras na cidade de Goiás: construção que já foi cadeia e tribunal, forneceu-nos pistas importantes para compreender a sociedade goiana do século XVIII e sua formação, com base na busca pelo ouro, iniciada pelos bandeirantes.

Os descendentes dos quilombolas de Kalunga em Cavalcante: permitiram-nos refletir sobre o processo de escravidão africana no Brasil e estudar as formas de resistência dos negros em Goiás naquele período.

A imponente Fazenda Babilônia em Pirenópolis, antigo Engenho São Joaquim: ao preservar importantes vestígios da sociedade goiana do século XIX, ajudou-nos a compreender melhor esse período da história de Goiás, marcado pelas grandes fazendas criadoras de gado e produtoras de alimentos.

O Parque Nacional das Emas em Mineiros: uma das últimas grandes áreas preservadas do cerrado, auxiliou-nos a examinar a relação dos seres humanos com a natureza em Goiás e a denunciar a degradação do meio ambiente do cerrado.

O Teatro Goiânia em formato de navio: esse importante edifício ajudou-nos a descobrir o processo de construção de Goiânia e o modo de vida das pessoas que construíram a nova capital de Goiás.

O Monumento à Paz Mundial em Goiânia: construído em memória do acidente com o césio 137, ajudou-nos a recuperar um pouco da história recente de Goiás e a refletir sobre a tragédia que abalou o estado e o Brasil.

Para saber mais...

Uma grande historiadora de Goiás

REPRODUÇÃO/ARQUIVO DA EDITORA

Sabe quem escreveu o primeiro livro de história sobre Goiás dedicado a crianças? Foi uma jovem professora do Liceu de Goiás, chamada Ofélia Sócrates do Nascimento Monteiro, e o livro chamava-se **Goiaz, coração do Brasil**. Assim como Goiandira do Couto, Cora Coralina e Belkiss Espencieri, Ofélia muito contribuiu para o desenvolvimento da cultura em Goiás. Essas mulheres, assim como muitas outras, são importantes exemplos de pessoas que, independentemente de sexo ou raça, ajudaram a construir a história de Goiás.

Depois de estudar tudo isso, dá para entender por que estudamos a história de Goiás. Você já percebeu?

Em primeiro lugar, porque o estudo da História nos ajuda a perceber o que muda e o que permanece. As coisas ao nosso redor estão sempre mudando, mas muitos aspectos do passado ainda fazem parte do presente. Você viu isso nos documentos, nos costumes, na forma como as pessoas falam e se vestem.

Em segundo lugar, a história nos ensina a respeitar as diferenças. A diversidade cultural existe e deve ser preservada; ao mesmo tempo, há um passado comum compartilhado entre os goianos e que forma nossa identidade.

Assim, os patrimônios culturais não pertencem a uma única pessoa, mas a várias; não são individuais, mas coletivos; da mesma forma, não pertencem apenas ao presente, mas também ao passado, e precisam ser preservados para as gerações do futuro – a fim de que elas possam manter os laços de identidade com seu povo e preservar essa herança cultural.

Para que isso aconteça, nós, você e toda a sociedade devemos nos preocupar em preservar nossos patrimônios, nossa história, respeitando sempre a diversidade.

RICARDO GIROTTO/ARQUIVO DA EDITORA

Última atividade

Você se lembra do questionário a que respondeu no início do ano? Responda novamente às questões.

- Em que país você nasceu?
- Em que estado você nasceu?
- Em que cidade você nasceu?
- Em que década você nasceu?
- Em que ano você nasceu?
- Qual é o seu tipo de música preferida?
- Para qual time de futebol você torce?
- Você gosta de jiló?
- Qual é a sua religião?
- O que você gosta de fazer aos domingos?
- Qual é o seu último sobrenome?
- Quando crescer, você pretende trabalhar em quê?
- Que curso universitário você deseja fazer?
- Você pretende ter filhos? Quantos?
- Qual é o seu maior sonho?

RICARDO GIROTTO/ARQUIVO DA EDITORA

a) Agora, com a ajuda do professor, compare as respostas que você deu a essas questões no início do ano com as que você deu agora. Quais foram as diferenças? E as semelhanças?

b) Na sua opinião, se você for responder a essas questões daqui a alguns anos, será que as respostas serão as mesmas? O que você acha?

c) Com a ajuda do professor, reúna-se com seus colegas e organizem uma festa com o tema "O patrimônio cultural de Goiás". Para isso, vocês deverão organizar:

- comidas típicas (arroz com pequi, guariroba, galinhada, empadão, doces cristalizados etc.);
- apresentações de danças tradicionais (Catira, Procissão do Fogaréu da cidade de Goiás, dos congueiros de Catalão ou das Cavalhadas de Pirenópolis);
- exposição de murais, mostrando monumentos históricos ou patrimônios naturais do estado.

Glossário

Agrotóxico: composto químico que combate as pragas das lavouras.

Alferes: graduação militar antiga que hoje equivale aproximadamente a tenente.

Alforriado: aquele que recebeu a alforria, ou seja, a liberdade; liberto.

Ampulheta: instrumento de medição do tempo constituído de dois recipientes de vidro arredondados unidos por uma pequena "cintura", pela qual uma porção de areia escorre de um recipiente para outro.

MARCO_SC/SHUTTERSTOCK/GLOWIMAGES

Andes: conjunto de montanhas localizado na parte leste da América do Sul.

Aparelho radiológico: equipamento usado em hospitais e clínicas médicas para fazer exames por meio de raios X.

Bandeirante: indivíduo que, no Brasil colonial, participava das bandeiras.

Barbaridade: crueldade, desumanidade.

Brado: fala em voz alta e enérgica.

Cabaça: fruto da cabaceira, utilizada para transportar líquidos, fazer panelas e artesanato.

Capitania: primeira divisão territorial do Brasil.

Cativar: prender, tornar cativo.

Chafariz: fonte de água com uma ou várias bicas que serve para uso da população como bebedouro de animais ou, o que é mais comum, como simples ornamento.

JACEK/KINO.COM.BR

Chafariz na Praça Bom Jesus, no centro de Anápolis. Foto de 2010.

Civil: que não é militar.

Democrática: que acata a vontade da maioria.

Demográfico: relativo à população.

Dívida externa: quantidade de dinheiro que um país deve para outro(s).

Dizimado: exterminado, morto.

Ecossistema: espaço em que ocorre a relação dos diversos seres vivos entre si e com o meio ambiente em que estão inseridos.

Epidemia: transmissão de uma doença que ataca grande número de indivíduos simultaneamente.

Escavação: ato de cavar para coletar objetos antigos, de valor histórico.

Esparso: disperso, espalhado.

Estética: ramo da Filosofia que estuda os princípios da arte.

Fagulha: partícula de fogo, faísca.

Fauna: conjunto dos animais próprios de uma região.

Fertilizante: substância que acrescenta nutrientes ao solo, aumentando a produtividade agrícola.

Flora: conjunto de espécies vegetais de uma região.

Fronte: testa.

Frontispício: gravura colocada na folha de rosto de um livro.

Geração: conjunto de pessoas que têm aproximadamente a mesma idade.

Gruta: caverna natural ou artificial.

JACEK/KINO.COM.BR

Entrada de uma das grutas na área da Gruta das Araras. Foto de 2010.

Hermética: difícil de entender, obscura.

Hiperinflação: aumento exagerado dos preços.

Jirau: armação de madeira que, entre os indígenas, servia de cama.

Nômades: que não têm moradia fixa e deslocam-se constantemente.

Ouvidor: cargo administrativo que havia no Brasil durante o período colonial.

Palmatória: pequena peça circular de madeira com alguns furinhos e provida de cabo; era usada para castigar as pessoas, que tinham a palma da mão golpeada com esse instrumento.

Peleja: combate, luta, briga.

Planalto Central: região geográfica que compreende os estados do Centro-Oeste brasileiro, além de parte de Minas Gerais.

FÁBIO COLOMBINI/ACERVO DO FOTÓGRAFO

Parque Nacional da Chapada dos Veadeiros no Planalto Central. Foto de 2010.

Prataria: utensílios de prata usados à mesa de jantar.

Província: divisão territorial da época do Império no Brasil que equivale aos atuais estados.

Radiação química: energia liberada por alguns elementos químicos.

Radioatividade: nome que se dá ao fenômeno pelo qual algumas substâncias ou elementos químicos emitem radiação.

Sedentário: que possui moradia fixa.

Sertanista: pessoa que entrava no sertão em busca de riquezas.

Vestígios: pistas, indícios, sinais da presença de pessoas ou animais.

Sugestões de leitura para o aluno

Livros

EDITORA FTD/ARQUIVO DA EDITORA

A escravidão no Brasil: trabalho e resistência, de Júlio Quevedo e Marlene Ordoñez. São Paulo: FTD.

A magia das especiarias, de Janaína Amado e Luiz C. Figueiredo. São Paulo: Atual.

As quatro viagens de Colombo, de Antonio García Benitez e José Maria García Fuentes. Adaptação de Carlos Guilherme Mota. São Paulo: Scipione. 4 v.

Da Pré-história ao Egito, de Glória e Oriol Vergés. Adaptação de Nicolau Sevcenko. São Paulo: Scipione.

Histórias de índio, de Daniel Munduruku. São Paulo: Companhia das Letrinhas.

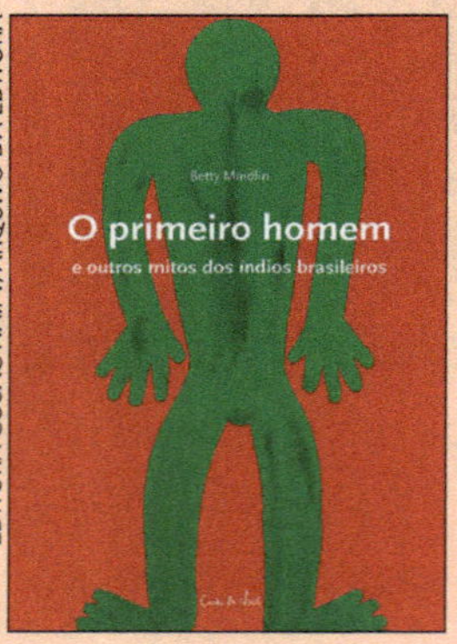

EDITORA COSAC NAIFY/ARQUIVO DA EDITORA

O primeiro homem e outros mitos dos índios brasileiros, de Betty Mindlin. São Paulo: Cosac Naify.

Os antigos habitantes do Brasil, de Pedro Paulo A. Funari. São Paulo: Unesp/Imprensa Oficial de São Paulo.

Por que comemorar? 13 de maio/Abolição, de Alfredo Boulos Júnior. São Paulo: FTD.

Sites

<www.agepel.go.gov.br/index.html>. Acesso em: 10 jul. 2010.

Site da Agência Goiana de Cultura, apresenta informações sobre a cultura e a história de Goiás, como dados sobre os indígenas, a lista dos administradores da capitania, província e estado de Goiás, hino do estado, principais municípios de Goiás dos séculos XIX e XX, monumentos e turismo cultural.

<www.monumenta.gov.br/site/?page_id=181>. Acesso em: 10 jul. 2010.

Site pertencente ao Instituto do Patrimônio Histórico e Artístico Nacional (Iphan), apresenta várias informações sobre o patrimônio cultural da cidade de Goiás. São várias imagens que permitem uma visualização dos bens históricos dessa importante cidade goiana.

Municípios de Goiás

1. Abadia de Goiás
2. Abadiânia
3. Acreúna
4. Adelândia
5. Água Fria de Goiás
6. Água Limpa
7. Águas Lindas de Goiás
8. Alexânia
9. Aloândia
10. Alto Horizonte
11. Alto Paraíso de Goiás
12. Alvorada do Norte
13. Amaralina
14. Americano do Brasil
15. Amorinópolis
16. Anápolis
17. Anhanguera
18. Anicuns
19. Aparecida de Goiânia
20. Aparecida do Rio Doce
21. Aporé
22. Araçu
23. Aragarças
24. Aragoiânia
25. Araguapaz
26. Arenópolis
27. Aruanã
28. Aurilândia
29. Avelinópolis
30. Baliza
31. Barro Alto
32. Bela Vista de Goiás
33. Bom Jardim de Goiás
34. Bom Jesus de Goiás
35. Bonfinópolis
36. Bonópolis
37. Brazabrantes
38. Britânia
39. Buriti Alegre
40. Buriti de Goiás
41. Buritinópolis
42. Cabeceiras
43. Cachoeira Alta
44. Cachoeira de Goiás
45. Cachoeira Dourada
46. Caçu
47. Caiapônia
48. Caldas Novas
49. Caldazinha
50. Campestre de Goiás
51. Campinaçu
52. Campinorte
53. Campo Alegre de Goiás
54. Campo Limpo de Goiás
55. Campos Belos
56. Campos Verdes
57. Carmo do Rio Verde
58. Castelândia
59. Catalão
60. Caturaí
61. Cavalcante
62. Ceres
63. Cezarina
64. Chapadão do Céu
65. Cidade Ocidental
66. Cocalzinho de Goiás
67. Colinas do Sul
68. Córrego do Ouro
69. Corumbá de Goiás
70. Corumbaíba
71. Cristalina
72. Cristianópolis
73. Crixás
74. Cromínia
75. Cumari
76. Damianópolis
77. Damolândia
78. Davinópolis
79. Diorama
80. Divinópolis de Goiás
81. Doverlândia
82. Edealina
83. Edeia
84. Estrela do Norte
85. Faina
86. Fazenda Nova
87. Firminópolis
88. Flores de Goiás
89. Formosa
90. Formoso
91. Gameleira de Goiás
92. Goianápolis
93. Goiandira
94. Goianésia
95. Goiânia (capital)
96. Goianira
97. Goiás
98. Goiatuba
99. Gouvelândia
100. Guapó
101. Guaraíta
102. Guarani de Goiás
103. Guarinos
104. Heitoraí
105. Hidrolândia
106. Hidrolina
107. Iaciara
108. Inaciolândia
109. Indiara
110. Inhumas
111. Ipameri
112. Ipiranga de Goiás
113. Iporá
114. Israelândia
115. Itaberaí
116. Itaguari
117. Itaguaru
118. Itajá
119. Itapaci
120. Itapirapuã
121. Itapuranga
122. Itarumã
123. Itauçu
124. Itumbiara
125. Ivolândia
126. Jandaia
127. Jaraguá
128. Jataí
129. Jaupaci
130. Jesúpolis
131. Joviânia
132. Jussara
133. Lagoa Santa
134. Leopoldo de Bulhões
135. Luziânia
136. Mairipotaba
137. Mambaí
138. Mara Rosa
139. Marzagão
140. Matrinchã
141. Maurilândia
142. Mimoso de Goiás
143. Minaçu
144. Mineiros
145. Moiporá
146. Monte Alegre de Goiás
147. Montes Claros de Goiás
148. Montividiu
149. Montividiu do Norte
150. Morrinhos
151. Morro Agudo de Goiás
152. Mossâmedes
153. Mozarlândia
154. Mundo Novo
155. Mutunópolis
156. Nazário
157. Nerópolis
158. Niquelândia
159. Nova América
160. Nova Aurora
161. Nova Crixás
162. Nova Glória
163. Nova Iguaçu de Goiás
164. Nova Roma
165. Nova Veneza
166. Novo Brasil
167. Novo Gama
168. Novo Planalto
169. Orizona
170. Ouro Verde de Goiás
171. Ouvidor
172. Padre Bernardo
173. Palestina de Goiás
174. Palmeiras de Goiás
175. Palmelo
176. Palminópolis
177. Panamá
178. Paranaiguara
179. Paraúna
180. Perolândia
181. Petrolina de Goiás
182. Pilar de Goiás
183. Piracanjuba
184. Piranhas
185. Pirenópolis
186. Pires do Rio
187. Planaltina
188. Pontalina
189. Porangatu
190. Porteirão
191. Portelândia
192. Posse
193. Professor Jamil
194. Quirinópolis
195. Rialma
196. Rianápolis
197. Rio Quente
198. Rio Verde
199. Rubiataba
200. Sanclerlândia
201. Santa Bárbara de Goiás
202. Santa Cruz de Goiás
203. Santa Fé de Goiás
204. Santa Helena de Goiás
205. Santa Isabel
206. Santa Rita do Araguaia
207. Santa Rita do Novo Destino
208. Santa Rosa de Goiás
209. Santa Tereza de Goiás
210. Santa Terezinha de Goiás
211. Santo Antônio da Barra
212. Santo Antônio de Goiás
213. Santo Antônio do Descoberto
214. São Domingos
215. São Francisco de Goiás
216. São João d'Aliança
217. São João da Paraúna
218. São Luís de Montes Belos
219. São Luiz do Norte
220. São Miguel do Araguaia
221. São Miguel do Passa Quatro
222. São Patrício
223. São Simão
224. Senador Canedo
225. Serranópolis
226. Silvânia
227. Simolândia
228. Sítio d'Abadia
229. Taquaral de Goiás
230. Teresina de Goiás
231. Terezópolis de Goiás
232. Três Ranchos
233. Trindade
234. Trombas
235. Turvânia
236. Turvelândia
237. Uirapuru
238. Uruaçu
239. Uruana
240. Urutaí
241. Valparaíso de Goiás
242. Varjão
243. Vianópolis
244. Vicentinópolis
245. Vila Boa
246. Vila Propício

MARIO YOSHIDA/ARQUIVO DA EDITORA

GOIÁS: DIVISÃO POR MUNICÍPIOS

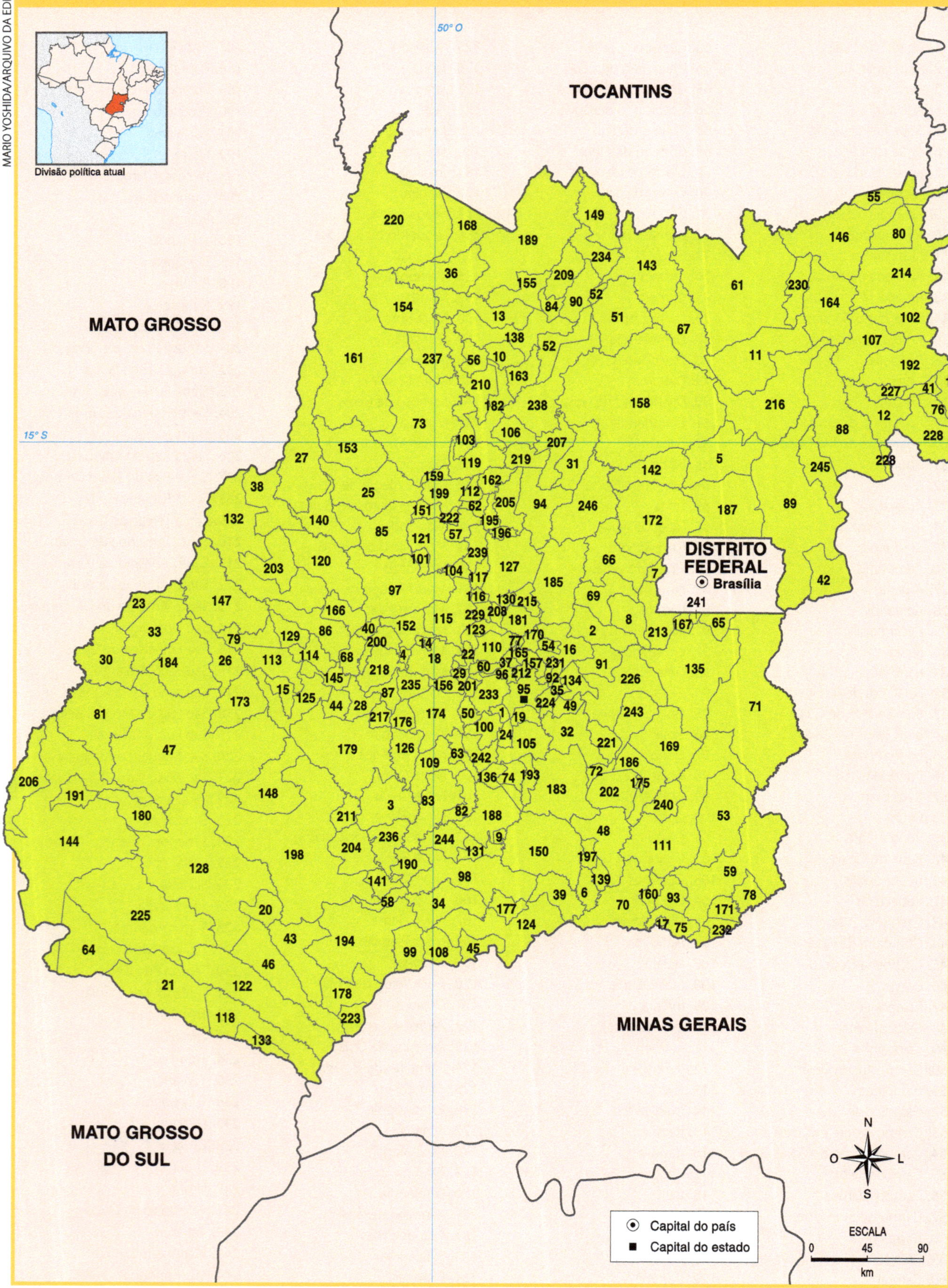

Fonte: <www.ibge.gov.br/cidadesat>. Acesso em: 29 dez. 2010.

Referências bibliográficas

Livros e artigos

ASSUNÇÃO, Paulo de. *Patrimônio*. São Paulo: Edições Loyola, 2003.

BARBOSA, Altair Sales. Tópicos para construção da ocupação pré-histórica do Cerrado. *Com Ciência: Revista Eletrônica de Jornalismo Científico*. n. 105. 10 fev. 2009. Disponível em: <www.comciencia.br/comciencia/?section=8&id=504>. Acesso em: jul. 2010.

BENJAMIN, W. *Obras escolhidas*: magia e técnica, arte e política. São Paulo: Brasiliense, 1987.

BERTRAN, P. *História da terra e do homem no Planalto Central*. Brasília: Verano, 2000.

BLOCH, M. *Apologia da História ou o ofício de historiador*. Rio de Janeiro: Zahar, 2001.

BRAGA, Jorge. *Retrato falido*. Goiânia: Ed. do Autor, 1994.

CARVALHO, Eugênio Rezende. Construções de Goiânia. In: BOTELHO, Tarcísio Rodrigues (Org.). *Goiânia, cidade pensada*. Goiânia: Ed. da UFG, 2002.

CHOAY, F. *A alegoria do patrimônio*. São Paulo: Estação Liberdade/Ed. da Unesp, 2001.

CORALINA, C. *Coleção Melhores Poemas*. São Paulo: Global, 2004.

CORREA, M. S. Naturalistas e viajantes estrangeiros em Goiás (1800-1850). In: CHAUL, Nasr; RIBEIRO, Paulo R. *Goiás*: identidade, paisagem e tradição. Goiânia: Ed. da UCG, 2001.

DARNTON, R. *O grande massacre de gatos e outros episódios da História cultural francesa*. Rio de Janeiro: Graal, 1986.

DE CERTEAU, M. *A escrita da História*. Rio de Janeiro: Forense Universitária, 2000.

GADAMER, H. G. *Verdade e método*. Petrópolis: Vozes, 1998.

GEERTZ, C. *O saber local*. Petrópolis, Rio de Janeiro: Vozes, 1997.

GIDDENS, A. *Modernidade e identidade*. Rio de Janeiro: Zahar, 2002.

HALL, Stuart. *A identidade cultural na pós-modernidade*. Tradução de Tomaz Tadeu da Silva e Guaracira Lopes Louro. Rio de Janeiro: DP&A, 2006.

IBGE. *Censos demográficos de 1940 a 1980*.

LE GOFF, J. *História/Memória*. São Paulo: Ed. da Unicamp, 1990.

LEMOS, Carlos A. C. *O que é patrimônio histórico*. 5. ed. São Paulo: Brasiliense, 1987.

MEMÓRIAS GOIANAS 1. Goiânia: Ed. da UCG, 1982.

MEMÓRIAS GOIANAS 4. *Relatórios políticos, administrativos, econômicos, sociais etc. dos governos da província de Goiás (1845-1849)*. Goiânia: Ed. da UCG, 1996.

MEMÓRIAS GOIANAS 6. *Relatórios políticos, administrativos, econômicos, sociais etc. dos governos da província de Goiás (1854-1856)*. Goiânia: Ed. da UCG, 1997.

MINISTÉRIO DA EDUCAÇÃO E CULTURA. *Parâmetros Curriculares Nacionais*. Brasília, 1997.

MOURA, Marlene C. O. de (Coord.). *Índios de Goiás*: uma perspectiva histórico-social. Goiânia: Ed. da UCG/Kelps/Vieira, 2006.

MOYSÉS, L. *O desafio de saber ensinar*. Campinas: Papirus, 2001.

NIETZSCHE, Friedrich. Segunda Consideração Intempestiva. In: SOBRINHO, Noéli Correia de Melo (Org.). *Escritos sobre História*: Friedrich Nietzsche. Rio de Janeiro: Ed. PUC-Rio/São Paulo: Loyola, 2005.

PAIVA, E. F. De português a mestiço: o imaginário brasileiro sobre a colonização e sobre o Brasil. In: SIMAN, L. M. C.; FONSECA, T. N. L. (Org.). *Inaugurando a História e construindo a nação*: discursos e imagens no ensino de História. Belo Horizonte: Autêntica, 2001.

PALACIN, L.; GARCIA, L. F; AMADO, J. *História de Goiás em documentos*. Goiânia: Ed. da UFG, 2001.

________; MORAES, M. A. S. *História de Goiás*. Goiânia: Ed. da UCG, 2001.

PEDROSO, Dulce Madalena. Avá-Canoeiro. In: MOURA, Marlene Castro Ossami de. (Org.). *Índios de Goiás*: uma perspectiva histórico-cultural. Goiânia: Ed. da UCG/Kelps/Vieira, 2006.

PIAGET, Jean. *A noção de tempo na criança*. Rio de Janeiro: Record, 2002.

POHL, Johann Emannuel. *Viagem no interior do Brasil*. Belo Horizonte: Itatiaia/São Paulo: Edusp, 1976.

PREFEITURA DE GOIÂNIA. *Goiânia em Dados*. Goiânia: Prefeitura de Goiânia/UCG, 1996.

PUTTKAMER, W. Jesco von. *Cunhatãs e curumins*: a criança indígena brasileira. Goiânia: Ed. da UCG, 1991.

REIS, J. C. *As identidades do Brasil 2*: de Calmon a Bomfim. Rio de Janeiro: Ed. da FGV, 2006.

RIBEIRO, D. *O povo brasileiro*. São Paulo: Companhia das Letras, 2006.

RICOEUR, P. *O si mesmo como um outro*. Campinas: Papirus, 1991.

________. *Tempo e narrativa*. Campinas: Papirus, 1997. Tomo III.

RUSEN, J. *Razão histórica*. Brasília: Ed. da UnB, 2001.

SACRISTÁN, J. G.; GÓMEZ, A. I. P. *Compreender e transformar o ensino*. Porto Alegre: Artmed, 1998.

SAINT-HILAIRE, A. *Viagem à província de Goiás*. Belo Horizonte: Itatiaia/São Paulo: Edusp, 1975.

SALLES, Gilka V. F. *Economia e escravidão na Capitania de Goiás*. Goiânia: Ed. da UFG, 1992.

SANTOS, B. S. *Pela mão de Alice*: o social e o político na pós-modernidade. São Paulo: Cortez, 2001.

SCHMALTZ, Y. *Prometeu americano*. Goiânia: Kelps, 1996.

SILVA E SOUZA, Luiz Antônio da. Memória sobre o descobrimento, governo e população e cousas mais notáveis da Capitania de Goiás. In: TELES, José Mendonça. (Org.). *Vida e obra de Silva e Souza*. Goiânia: Ed. da UFG, 1998.

SILVA, Júlia Bueno de Morais. *Identidade e territorialidade nas comunidades Almeida e Porto Leocádio*. Brasília, 2010. Tese (doutorado). Universidade de Brasília, programa de pós-graduação em História.

SOUZA, C. P. *Avaliação do rendimento escolar*. Campinas: Papirus, 1991.

TELES, José Mendonça. *Crônicas de Goiânia*. Goiânia: Kelps, 1998.

VYGOTSKY, L. *Pensamento e linguagem*. São Paulo: Martins Fontes, 1987.

Sites

<http://turmadamonicaquadrinhos.blogspot.com/>

<www.antoniomiranda.com.br/poesia_brasis/goias/felix_de_bulhoes.html>

<www.atelierheraldico.com.br>

<www.nacaomestica.org/diretorio_dos_indios.htm>

<www.sinarquivo.ning.com>

CD-ROM:

Resgate. Documentos avulsos da Capitania de Goiás. CD-ROM: CD-1:doc.179.

Jornais:

Diário da Manhã, Goiânia, 4 out. 1987.

Folha de Pirenópolis, Pirenópolis, 5 set. 2002. Biblioteca Municipal de Pirenópolis.

O Popular, Goiânia, 1.º out. 1987. Arquivo da CNEN – Abadia de Goiás.

O Popular, Goiânia, 2 out. 1987. Arquivo da CNEN – Abadia de Goiás.

O Popular, Goiânia, 3 out. 1987. Arquivo da CNEN – Abadia de Goiás.

O Popular, Goiânia, 6 out. 1987. Arquivo da CNEN – Abadia de Goiás.

Fonte primária datilografada:

Mapa de Instrução Pública. Cidade de Goiás. Cx. 06. 1917. Original datilografado. Arquivo Histórico Estadual de Goiás – Goiânia.